北师大生命教育研究中心推荐

国学经典德育读本

明伦开智

编　著　周　颖　刘胡权　陈邦伟
陈　胜　曹红勇　黄娜敏
赖建华　崔艳艳　崔晓进

岳麓书社·长沙

图书在版编目(CIP)数据

国学经典德育读本．明伦开智/周颖等编著．—长沙：岳麓书社,2015.2(2022.10 重印)

ISBN 978-7-5538-0342-5

Ⅰ.①国… Ⅱ.①周… Ⅲ.①中华文化—小学—课外读物 Ⅳ.①G624.203

中国版本图书馆 CIP 数据核字(2015)第 029220 号

GUOXUE JINGDIAN DEYU DUBEN MINGLUN KAIZHI

国学经典德育读本．明伦开智

编　　著　周颖等

责任编辑　皮朝霞　蔡　晟

责任校对　舒　舍

封面设计　刘　娟

岳麓书社出版发行

地址:湖南省长沙市爱民路 47 号

直销电话:0731-88804152　0731-88885616

邮编:410006

版次:2015 年 2 月第 1 版

印次:2022 年 10 月第 6 次印刷

开本:710mm×1000mm　1/16

印张:11.5

字数:187 千字

印数:32 401—35 400

ISBN 978-7-5538-0342-5

定价:34.80 元

承印:廊坊市博林印务有限公司

如有印装质量问题,请与本社印务部联系

电话:0731-88884129

全书导读

同学们，我们都是中国人，我们从小说汉语、写汉字，这都是作为中国人的标志。除此之外，我们还应该了解中国的传统文化，只有这样，才能做一个真正合格的现代中国人。

中国有着五千年的文明历史，是世界上最悠久的四大文明古国中唯一一个文化传承不断的国家，我们对此感到非常自豪和骄傲。作为现代中国人，我们应该继承和发扬我国优秀的传统文化，使我们的文化更加繁荣和灿烂。

在这本书的第一篇《固本养正》中，我们将学习《三字经》和《弟子规》的部分内容，这是古代小学生的必读课本，我们从中能够了解古代小学生所受的教育和他们所应该遵守的行为规范，初步了解中国文化最基本的内容。在第二篇《仁爱礼让》关于《论语》和《孟子》的选读中，我们能够从孔子和孟子的言行中理解中国文化的基本主张，并开启我们的智慧之源。在第三篇《格言立德》中，我们将从古代仁人志士的座右铭中得到启发，从而提高我们的品德修养。在第四篇《诗歌怡情》中，《声律启蒙》的韵律和古代诗歌的美好意境能愉悦我们的身心，陶冶我们的性情，从而提高我们的审美品质。

总之，我们通过本书的学习，将会理解中国传统文化的基本思想，培养一个中国人所必须具备的基本素养。

《三字经》一开始就告诉小朋友接受良好教育的重要。每个小朋友的本性都是善良的、纯真的，而这种本性的善良是需要在良好的教育中培养成长的，然而小朋友在成长过程中，由于教育的不同，形成了不同的习性。在教育小朋友的过程中，家长和老师都起着重要的作用，比如孟母和窦燕山都非常注重对子女的教育，因此，他们的孩子长大以后都成为了对社会作出贡献的人才。当然，更重要的是小朋友要自己加强学习，并主动孝顺父母，友爱同学，像小黄香和小孔融那样，才会得到大家的赞扬。

《三字经》等蒙学读物除了教人许多做人的道理之外，还会介绍许多生活中的常识，古代的小朋友就是通过从小诵读《三字经》等蒙学读物，掌握了许多知识。如果你也有兴趣，那就一起诵读记

出则悌,说的是兄弟姐妹相处的方法以及和长辈在一起的言行规范。在这些规范中,小朋友要谦恭有礼,尊重他人,融入团体,为大家所接纳。当哥哥姐姐的要能友爱弟弟妹妹,做弟弟妹妹的应做到尊重哥哥姐姐,这样兄弟姐妹就能和睦相处,父母就会开心快乐了。

我们应该有怎样的日常行为规范呢?“谨”这一部分非常详细地告诉了我们许多具体的方法,比如早晨要洗漱,衣服要整洁,不要饮酒,不要偏食等,这些细节常常表现出一个人的品格与修养,我们对照这些行为规范,想想我们自己有哪些做得好,哪些还做得不够,需要改进。

《论语》是我国古代称之为“圣人”的孔子及其弟子的言论和行

为的记录，它是我国的经典作品，是儒家思想的核心著作，也是我国古代读书人必读的书籍，可以说，《论语》是一部影响了我国两千多年的伟大的作品。

孟子被后人称为“亚圣”，是仅次于孔子的古代圣人。他的思想都被记载下来收录到了《孟子》一书中。孟子继承了孔子的思想，又在孔子思想的基础上进行了创新，形成了自己独特的思想。“人之初，性本善”就是孟子在孔子“性相近，习相远”的基础上提出的观点，这个观点后来成为中国人对于人性最基本的解读，影响深远。

我们可以从《后汉书》中学到“有志者，事竟成”这一格言，可以从《周易》中领悟“厚德载物”的真正含义。古人云：“有志不在年高，无志空长百岁。”这些格言对于我们学习、做事都有很大的帮助。

古代的小朋友都要学习怎么对对子，这是学写诗的前提。对对子其实是一件很有趣的事情，古代的小朋友读熟了《声律启蒙》这样的书后，就能够写出简单的对联来了。你熟读了《声律启蒙》，也能写出好的对联来哦。

我国是一个诗歌的国度，我国的诗歌有花、有月、有真、有善、有美、有爱、有震撼心灵的力量，所以历代人们对此都极为重视。诗歌以其独有的抒情的方式，高度凝练的语句，集中地反映着社会生活。它拥有想象奇特、节奏强烈、韵律美妙、饱含感情等特点，大多数学生都极为喜爱它。“熟读唐诗三百首，不会作诗也会吟”，希望你能够熟读并背诵这些诗歌，这不仅能提高你的语言修辞能力，更能培养你优雅的气质和美好的情感。

第一篇 固本养正

“人之初，性本善。”每个小朋友的本性都是善良的，没有一个孩子是坏孩子。在家，父母会教育你养成良好的生活习惯；在学校，老师会引导你形成良好的学习习惯。诵读《三字经》《弟子规》这些中国经典，对你的生活习惯和学习习惯的养成，以及懂得很多做人的道理是有极大帮助的。

那么，就请同学们翻开书，大声地朗读起来。你会因此而变得对父母孝顺，对老师尊敬，对同学友爱，自己也会变得正直和聪明。

一、《三字经》选读

同学们，你们好！你们知道《三字经》是什么书吗？《三字经》是中国古代小学生的课本，那些古代的小朋友们就是用《三字经》这样的书当作他们的语文课本，跟着老师诵读的。小朋友们熟读之后，再记忆下来，这样不仅认识了很多的字，学到了很多的知识，而且懂得了很多做人的道理，为他们长大之后成为一个正直、聪明的人打下了坚实的基础。

大声地朗读并背诵这些句子，你不仅会感到你在与古代的小朋友一起读书，一起听故事，生动有趣，而且还能够懂得好多做人的道理，并且变得越来越聪明。

（一）人之初

阅读提要

《三字经》一开始就告诉小朋友接受良好教育的重要。每个小朋友的本性都是善良的、纯真的，而这种本性的善良是需要在良好的教育中培养成长的，然而小朋友在成长过程中，由于教育的不同，形成了不同的习性。在教育小朋友的过程中，家长和老师都起着重要的作用，比如孟母和窦燕山都非常注重对子女的教育，因此，他们的孩子长大以后都成为了对社会作出贡献的人才。当然，更重要的是小朋友要自己加强学习，并主动孝顺父母，友爱同学，像小黄香和小孔融那样，才会得到大家的赞扬。

同学们把这些段落熟读成诵，就会明白其中的许多道理，对自己的成长起到良好的促进作用。

rén zhī chū xìng běn shàn xìng xiāng jìn xí xiāng yuǎn
人之初，性本善。① 性相近，习相远。②
gǒu bú jiào xìng nǎi qiān jiào zhī dào guì yǐ zhuān
苟不教，性乃迁。③ 教之道，贵以专。④

注释

①初：初生，指人初生下来时。性：本性，天性。

②习：指后天形成的习性、习惯。远：差别大。

③苟：如果。迁：迁移、变化。

④教：教导、培育。道：方法。贵：最宝贵的。这里指重视、注重。专：专一，坚持不懈。

译文

人刚生下来，本性都是善良的。每个人善良的本性都很相近，但后天形成的习惯却相差很远。如果不加以适当引导，在不良生活环境中相处久了，善良的本性就会渐渐变坏。教育要讲究方法，并且注重方法的始终一贯、坚持不懈。

xī mèng mǔ zé lín chǔ zǐ bù xué duàn jī zhù
昔孟母，择邻处。① 子不学，断机杼。②
dòu yān shān yǒu yì fāng jiào wǔ zǐ míng jù yáng
窦燕山，有义方。③ 教五子，名俱扬。④

注释

①昔：过去，从前。孟母：孟子的母亲。择：选择。邻：邻居。处：居住。

②子：即孟子。不学：逃学或指不用心学习。断：剪断，割断。机杼：织布机上的梭子。

③窦燕山：五代后晋时人，因家居燕山脚下，故号燕山。义方：指好的方法。

④五子：窦燕山的五个儿子。俱：全、都。扬：称颂、传播。

译文

从前，孟子的母亲为了使孟子有个好的学习环境，慎重地选择邻居安家。孟子逃学回家，孟母生气地割断正在织布的纱线，教育孟子要日积月累地进行学习。五代的窦燕山教育孩子有良好的方法，他所教育的五个儿子都很有成就，名声传播四方。

yǎng bú jiào fù zhī guò jiào bù yán shī zhī duò

养不教，父之过。① 教不严，师之惰。②

zǐ bù xué fēi suǒ yí yòu bù xué lǎo hé wéi

子不学，非所宜，③ 幼不学，老何为？④

注释

①养：养育。过：过失、错误。

②严：严格。惰：懒惰，责任心不强。

③宜：应该、适当。

④幼：年少时。何为：做什么，怎么办。

译文

父母如果只是供养子女吃穿，却不好好教育他们，这是做父母的过错。老师如果不严格督促教导学生，就是老师的失职。孩子如果不肯努力学习，是很不应该的。年少时不用心学习，年老时还能有什么作为呢？

yù bù zhuó bù chéng qì rén bù xué bù zhī yì

玉不琢，不成器。① 人不学，不知义。②

wéi rén zǐ fāng shào shí qīn shī yǒu xí lǐ yí

为人子，方少时。③ 亲师友，习礼仪。④

注释

①琢：以雕刻或磨的方式加工玉石。成器：制作成精巧美好的器物。

②义：应当遵循的行为规范。

③为：做。方：正当。少时：年少的时候。

④亲：亲近、尊敬。礼仪：礼貌、礼节。

译文

玉石如果不经过仔细打磨，就不能成为精美有用的器物。人如果不学习，就不会明白为人处世的道理。作为子女，从小就要多亲近良师，结交益友，并学习待人接物的礼仪。

xiāng jiǔ líng　néng wēn xí　xiào yú qīn　suǒ dāng zhí

香九龄，能温席。① 孝于亲，所当执。②

róng sì suì　néng ràng lí　tì yú zhǎng　yí xiān zhī

融四岁，能让梨。③ 弟于长，宜先知。④

注释

①香：黄香，东汉时江夏人。九龄：九岁。温：使……变得温暖。席：席子。

②亲：父母。当：应该。执：做到。

③融：孔融，东汉文学家。让：礼让、谦让。

④弟：同“悌”。指弟弟敬爱哥哥。长：兄长。宜：应该。

译文

黄香九岁的时候，就懂得在冬天要替父母暖被子。因为孝顺父母，是每个子女都应该做到的。孔融四岁的时候，就知道把大的梨让给哥哥吃，自己吃小的梨。这种尊敬兄长的道理，是每个人从小就应该知道的。

国学小故事

手机扫一扫
获取更多精彩

孟母三迁

孟子三岁的时候父亲就去世了，母亲带着他艰难度日。孟子小的时候很调皮。开始他们住在墓地附近，孟子就和小伙伴玩起办理丧事的游戏，模仿大人们跪拜、号哭的样子。孟母看见了，担心孟子会养成不好的习惯，就皱着眉头说："我不能让我的孩子住在这里了。"于是，孟母就带着孟子搬到集市附近居住。集市里聚集着很多商人，而孟子家的隔壁正好是一家肉铺，屠夫整天杀猪宰羊。孟子耳濡目染，时间长了，又学起了吆喝做生意和屠宰猪羊的事。孟母知道了，感觉这种环境也不适合孟子的成长，又皱皱眉头说："这个地方也不适合我的孩子居住。"于是，孟母再三考虑，就把家搬到了学校附近。孟子跟着学校里的学生读书认字，开始变得守秩序，懂礼貌，喜欢读书了。这时候，孟子的母亲很满意地点着头说："这才是我儿子应该住的地方呀！"

窦氏五龙

五代后晋时有个叫窦禹钧的人，住在蓟州，因为那个地方正是古代的燕国，所以人们称他为窦燕山。窦燕山有五个儿子，他十分重视对儿子的教育，教他们从小学习古代圣人的思想，以及在社会上生活的态度和方法。他的五个儿子在他的教导之下，都对社会做出了不少的贡献。乡里的人无不称颂，窦禹钧和他五个儿子的名声因此传遍了全国。当时的太师冯道还特地写了首诗来赞扬他们："燕山窦十郎，教子有义方；灵椿一株老，丹桂五枝芳。"后人就用"五子登科"来寄托子孙像窦家的五个儿子那样获取功名的美好希望。

黄香温席

黄香是东汉江夏人,从小就非常孝顺,当时的人都称他是“小孝子”。他九岁时,母亲去世了。他对父亲更加孝顺,每天抢着做比较费体力的工作,好让父亲有更多休息的时间,想方设法让父亲过得舒适一些。夏天天气炎热,蚊虫又多,黄香知道父亲常热得睡不着觉,又被蚊子叮咬。因此,每天晚上父亲睡觉前,

黄香就先用扇子把枕头和席子扇凉,把蚊子赶走,再请父亲去睡。到了寒冷的冬天,黄香怕父亲受冻,就先钻进冰冷的床铺,温暖了被窝、席子,然后再请父亲上床安歇。他的孝行传遍了整个京城,几乎无人不知,无人不晓,当时流传着一句赞美他的话——“天下无双,江夏黄童”。

知识链接

有趣的教育谚语

中国有很多有趣的教育熟语和谚语,生动形象地说明了教育的意义和方法。

无论何时,教育都是重要的,不受教育就是:睁眼瞎,两眼墨黑。

农业社会的中国,接受教育就是认字懂理:小孩上学,骡马入栏。

接受了教育,家里就有了:主心骨和文化人;家中有个文化人,赛如请个活财神。

孩子是要教的:井要淘,人要教;山要绿化,人要文化;树高是修出来的,

人好是教出来的；蜡不点不亮，钟不敲不响，人不教不懂；铁不炼不成钢，人不教不成材；稻不选种出野稻，人不教走邪道；植树要培育，养儿靠教育；树不修不成材，儿不育不成人；玉不琢不成器，儿子不教拾垃圾；养子不教不成材；养子不教如养驴，养女不教如养猪；快马也要长鞭催，响鼓也要重槌擂；钟不敲不响，人不学不灵。

与其他相比，教育终归是最为重要的：生意不如手艺，产业不如学业；家有黄金着斗量，不如养儿送学堂；积钱不如教子；遗子黄金满籯，不如教儿一经；家有余粮鸡犬饱，户多书籍子孙贤。

既然教育重要，就要从小培养，老百姓对于这个道理是明白的：远行要趁早，教育要从小；杂草铲除要趁早，孩儿教育要从小；教育子女从幼始；种秧要趁早，教子要从小；三岁看小，七岁看老；小时偷针，长大偷金；幼年学下的，好比石上刻下的；没有小树苗，哪来栋梁树……

教育要从小开始，而且要持续终身：活到老，学到老，活到八十还嫌少；活到八十还学巧；活到老，学到老，一生一世学不了。

活动拓展

1. 你的父母是怎样教育你的？他们对你的教育是严厉还是宽松？你喜欢他们用怎样的教育方式？

2. 回家把“黄香温席”的故事说给父母听，并说出你的感想。

（二）首孝弟

阅读提要

《三字经》等蒙学读物除了教人许多做人的道理之外，还会介绍许多生活中的常识，古代的小朋友就是通过从小诵读《三字经》等蒙学读物，掌握了许多知识。如果你也有兴趣，那就一起诵读记忆，这对我们增长知识也是很有用的哦！

shǒu xiào tì cì jiàn wén zhī mǒu shù shí mǒu wén
首孝弟，次见闻。① 知某数，识某文。②
yī ér shí shí ér bǎi bǎi ér qiān qiān ér wàn
一而十，十而百。③ 百而千，千而万。

注释

①首：首先，首要的。孝弟：孝顺父母，友爱兄弟。

②数：数目、算术。识：认识、了解。文：文字、文章，也可以当作学问的统称。

③而：到，有“变化而成”的意思。

译文

做人首先要学的是孝顺父母、友爱兄弟的道理，其次才是学习看到的和听到的知识。要学会数目加减计算，要学习认读文字、阅读文章。这样从一增长到十，十个十相加成百，十个百变为一千，十个千能成一万。

sān cái zhě tiān dì rén sān guāng zhě rì yuè xīng
三才者，天地人。① 三光者，日月星。②
sān gāng zhě jūn chén yì fù zǐ qīn fū fù shùn
三纲者，君臣义。③ 父子亲，夫妇顺。④

注释

①三才：即天、地、人。

②三光：即日、月、星。

③三纲：纲，指纲领，法则。义：应当遵守的规矩法度。

④亲：亲近、亲爱。顺：和顺、和睦。

译文

古人所说的"三才",是指天、地与人。古人所称的"三光",是指日、月和星辰。古人提出的"三纲",要求君王与臣子各尽其职,父母与子女相亲相爱,夫妻之间和睦相处,互相尊重。

yuē chūn xià yuē qiū dōng cǐ sì shí yùn bù qióng

曰春夏,曰秋冬。① 此四时,运不穷。②

yuē nán běi yuē xī dōng cǐ sì fāng yìng hū zhōng

曰南北,曰西东。③ 此四方,应乎中。④

注释

①曰:说,谈到。春夏、秋冬:指春夏秋冬四季。

②时:季节。运:运行。穷:穷尽,终止。

③南北、西东:指东西南北四个方位。

④应:对应、相应。中:中央。

译文

春、夏、秋、冬是一年的四个季节,这四个季节循环交替,运行不止。东、西、南、北是四面的方位,这四个方位都是与中央点相对应而确定的。

yuē shuǐ huǒ mù jīn tǔ cǐ wǔ xíng běn hū shù

曰水火,木金土。① 此五行,本乎数。②

yuē rén yì lǐ zhì xìn cǐ wǔ cháng bù róng wěn

曰仁义,礼智信。③ 此五常,不容紊。④

注释

①水火、木金土:是指古人所说的五行。我国古代思想家认为金、木、

水、火、土这五种常见物质，是构成宇宙万物不可缺少的基本元素。

②本：本源，根本。数：天数，天理。

③仁：指爱心等善良品德。义：应该遵守的道义。礼：礼仪、礼节。智：才智，道理。

④五常：仁、义、礼、智、信这五种道德法则。常，常规，准则。容：容许。紊：紊乱，改变。

译文

金、木、水、火、土是中国古人所称的“五行”，五行相生相克，是由自然的天理决定的。仁、义、礼、智、信被称作“五常”，是做人的五条准则，不容许紊乱违背。

dào liáng shū　mài shǔ jì　cǐ liù gǔ　rén suǒ shí

稻粱菽，麦黍稷。① 此六谷，人所食。②

mǎ niú yáng　jī quǎn shǐ　cǐ liù chù　rén suǒ sì

马牛羊，鸡犬豕。③ 此六畜，人所饲。④

注释

①稻：指水稻。粱：即谷子，去壳后叫作小米。菽：大豆，也泛指豆类。麦，指麦子。黍：即黍米，有红、白、黄、黑四种。稷：指高粱。

②谷：粮食作物的总称。

③犬：狗。豕：猪。

④畜：人饲养的牲畜。饲：喂养、饲养。

译文

稻子、小米、豆类、小麦、黍米和高粱合称“六谷”，是人类生存的食粮。马、牛、羊、鸡、狗、猪，称为“六畜”，是人类所饲养动物的总称。

yuē xǐ nù　yuē āi jù　ài wù yù　qī qíng jù
曰喜怒，曰哀惧。① 爱恶欲，七情具。②
páo tǔ gé　mù shí jīn　sī yǔ zhú　nǎi bā yīn
匏土革，木石金。③ 丝与竹，乃八音。④

注释

①喜:高兴。怒:生气。哀:悲伤。惧:害怕。

②爱:喜欢。恶:憎恨、讨厌。欲:欲望、贪念。七情:是指喜、怒、哀、惧、爱、恶、欲七种情绪。具:具备。

③匏:匏瓜。土:黏土。革:皮革。木:木头。石:玉片或石片。金:金属。

④丝:丝弦,指利用丝弦发声的乐器,如琵琶、琴、瑟。竹:竹管,指利用竹管发声的乐器,如箫、笛子。音:原为声音,此处指乐器。

译文

高兴、生气、悲伤、害怕、喜欢、讨厌、欲望,是人天生的七种感情。中国古代将用匏瓜、黏土、皮革、木头、玉石、金属、丝弦、竹管等八种材料制成的乐器称为"八音",是乐器的总称。

gāo zēng zǔ　fù ér shēn　shēn ér zǐ　zǐ ér sūn
高曾祖，父而身。① 身而子，子而孙。②
zì zǐ sūn　zhì xuán zēng　nǎi jiǔ zú　rén zhī lún
自子孙，至玄曾。③ 乃九族，人之伦。④

注释

①高:高祖,祖父的祖父。曾:曾祖,祖父的父亲。祖:祖父,父亲的父亲。父而身:从父亲到自身。

②子:儿子。孙:孙子。

③玄:玄孙,自身以下第五代。曾:曾孙。

④九族：九代的直系亲属，包括高祖、曾祖、祖父、父亲、自己、儿子、孙子、曾孙、玄孙。伦：辈分，排列次序。

译文

由高祖父生曾祖父，曾祖父生父亲，父亲生我，我生儿子，儿子再生孙子，由自己的子孙，再生曾孙、玄孙。从高祖父到玄孙称为“九族”，这“九族”代表着人类的长幼尊卑秩序和家族血统的承续关系。

fù zǐ ēn fū fù cóng xiōng zé yǒu dì zé gōng
父子恩，夫妇从。① 兄则友，弟则恭。②
zhǎng yòu xù yǒu yǔ péng jūn zé jìng chén zé zhōng
长幼序，友与朋。③ 君则敬，臣则忠。④
cǐ shí yì rén suǒ tóng
此十义，人所同。⑤

注释

①恩：恩情。从：和顺。

②则：应该、必须。友：友爱。恭：恭敬。

③长：长辈。幼：晚辈。序：次序。友：志趣相投的人。朋：志同道合的人。

④敬：敬重、尊重。忠：忠心、忠诚。

⑤义：义理，指应当遵守的道德伦理关系和行为准则。

译文

父子之间要有恩情，父对子要慈爱，子对父要孝顺；夫妻之间的感情要和顺，哥哥对弟弟要友爱，弟弟对哥哥则要尊敬。年长者和年幼者交往要注意长幼尊卑的次序，朋友相处应该遵守信用和道义。君主对臣子要尊重，臣子对君王要忠诚。前面提到的这“十义”——父慈、子孝、夫和、妻顺、兄友、弟恭、朋信、友义、君敬、臣忠，是人人都应遵守，不能违背的。

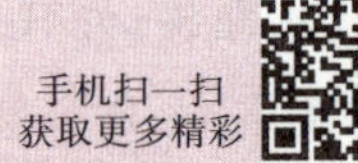

国学小故事

舜之大孝

舜是一个非常孝顺的人。舜的父亲瞽叟是个盲人，舜的母亲在舜年幼的时候就去世了。舜的父亲后来又娶了妻子，也就是舜的后母。后母的性情暴躁，对舜不仅不疼爱，还百般刁难他。不久，后母生了一个儿子名叫象，父亲和后母非常溺爱象。虽然平时舜很孝顺父母、爱护年幼的弟弟，但是后母和弟弟却很讨厌舜，而父亲又只听后母与象的一面之词，常常是非不分，对舜又骂又打。

由于父亲身体不好，加上弟弟又年幼，所以舜很小的时候，就在历山下独自耕田养活全家。在传说中，由于舜的孝心感动了上天，所以连大象都来帮他耕田，鸟儿也飞来为他锄草。即使如此，舜的父亲、后母和弟弟却依然不喜欢舜，常常找机会陷害他，好几次甚至差点害他丧了命。但舜一点也不放在心上，他还想尽办法取悦父母，让他们高兴。因为舜的这种德行实在难能可贵，所以当舜二十岁时，他就因大孝而声名远播。

夫妇之德

许允，三国时人。他的妻子姓阮，长相十分丑陋。刚举行婚礼，许允竟然嫌弃妻子的外貌，不肯踏入洞房半步，这让家人深以为忧。正巧桓范来拜访，许允妻对家人说："大家不必忧心，桓范一定可以劝他入洞房的。"果然，桓范劝告许允："阮家既然把长相丑陋的女儿嫁给你，一定有很深的用意，你应该用心观察、了解。”

许允听完友人劝解便回到内房，但一见到新婚妻子，转身就想离开。许允妻知道丈夫一出房门就不会再进来了，于是就拉住他的衣襟。许允想为难妻子，于是问道：“妇女应具备四种美德（妇德、妇功、妇言、妇容），你有其中几种呢？”许允妻回答道：“我缺少的只是容貌罢了！但是一个读书人必须具备许多美德，夫君又具有几种呢？”许允自傲地说：“都具备。”许允妻说：“百行中最重要的是德，夫君你好色不好德，怎么能说所有美德都具备呢？”许允听了非常惭愧，从此对妻子十分敬重。

知识链接

1. 中国传统文化中的数字

中国文化博大精深，我们的祖先为了让我们的子孙后代能轻松简单地记住经典文化，就将经典文化与数字结合在一起，形成了有趣的数字文化。《三字经》里做出了形象的描述，这些小朋友们都知道吗？我们一起来看看吧！

三才：即天、地、人。上天高高在上，大地在我们脚下，中间就是我们人类。

三纲：纲，原指提网的总绳，这里比喻君王对臣子、父母对子女、丈夫对妻子有支配权，而臣子对君王、子女对父母、妻子对丈夫只有绝对服从的义务。所以古代有“君为臣纲，父为子纲，夫为妇纲”的说法。这种提法在今天看来有其局限性。

四季：即春、夏、秋、冬。我国大部分地区四季分明，这对我国的农业生产有很大好处。

四方：即东、西、南、北。这是方位的基本知识。

五行：即金、木、水、火、土五种构成物质世界所不可缺少的基本元素。金，代表坚固和凝固；木，代表生的功能和根源；水，代表流动，具有循环和长流不息的意思；火，代表热能；土，代表地球本身。行，表示运动。五行是说这五种物质相互变化、相互影响，这种变化和影响就是生和克。所谓“相生”，即滋助、养生、促进的关系；所谓“相克”，包含了克制、压抑、排斥、约束的意思。

五常：即仁、义、礼、智、信。这是人的五种美德。

六谷：是指稻子、小米、豆类、小麦、黍米和高粱。这六种谷物是供人食用的主要粮食。

六畜：是指马、牛、羊、鸡、狗、猪。这六种动物是常见的家养动物。

七情：是指高兴、生气、悲伤、害怕、喜欢、讨厌及欲望，是每个人天生的七种情绪。

八音：中国古代将用匏瓜、黏土、皮革、木头、石玉、金属、丝弦、竹管等八种材料制成的乐器称为“八音”。

九族：从高祖、曾祖、祖父、父亲、自己、儿子、孙子、曾孙到玄孙九代，就是古人所说的九族，包括自身及自己的上四代与下四代，是我们的直系血亲，和自己关系最为密切。九族代表着人类长幼尊卑的秩序和家族血统承续的伦常关系。

高祖→曾祖→祖父→父亲→自己→儿子→孙子→曾孙→玄孙

十义：是指父子之间要有恩情，父对子要慈爱，子对父要孝顺；夫妻之间应该互相尊重体谅，和睦相处；兄弟姐妹之间，当哥哥姐姐的应该友爱弟弟妹妹，做弟弟妹妹的也应该恭敬地对待哥哥姐姐。长辈、晚辈之间要有伦理次序，朋友相处也要诚实互信。君王对臣子应该尊重，臣子对君王要忠贞不贰。古人把这些内容概括为“十义”，即父慈、子孝、夫和、妻顺、兄友、弟恭、朋信、友义、君敬、臣忠。

2. 增长知识的蒙学教材——《幼学琼林》

古代小朋友除了要了解做人的道理，还需要掌握很多的知识，《幼学琼林》就是一本为小朋友增长知识提供极大帮助的蒙学教材。

《幼学琼林》全部是用对偶句写成的，就像《三字经》一样，适合小朋友们诵读与记忆。《幼学琼林》内容丰富，包罗万象，被称为中国古代的百科全书。时人称“读了《增广贤文》会说话，读了《幼学琼林》走天下”，就是说，读了《增广贤文》会提高你的说话水平，读了《幼学琼林》会使你掌握很多的知识，走遍天下都不怕了。

请同学们在老师、家长的帮助下学习下面《幼学琼林》中关于天文、地理方面的知识，想一想，古人关于天文及地理方面的知识与我们现在所学的天文地理知识有什么相同，又有什么不同？

《幼学琼林》选读

手机扫一扫
获取更多精彩

天 文

混沌初开，乾坤始奠。气之轻清上浮者为天，气之重浊下凝者为地。日月五星，谓之七政；天地与人，谓之三才。日为众阳之宗，月乃太阴之象。

参商二星，其出没不相见；牛女两宿，惟七夕一相逢。

地 舆

黄帝画野，始分都邑；夏禹治水，初奠山川。宇宙之江山不改，古今之称谓各殊。

北京原属幽燕，金台是其异号；南京原为建业，金陵又是别名。浙江是武林之区，原为越国；江西是豫章之地，又曰吴皋。福建省属闽中，湖广地名三楚。东鲁西鲁，即山东山西之分；东粤西粤，乃广东广西之域。河南在华夏之中，故曰中州；陕西即长安之地，原为秦境。四川为西蜀，云南为古滇。贵州省近蛮方（荒），自古名为黔地。

东岳泰山，西岳华山，南岳衡山，北岳恒山，中岳嵩山，此为天下之五岳；饶州之鄱阳，岳州之青草，润州之丹阳，鄂州之洞庭，苏州之太湖，此为天下之五湖。

 活动拓展

我们了解了“九族”知识，大家来填一填自己的“家庭树”。可以与爸爸妈妈一起来做这个练习，想想你家现在有几族。

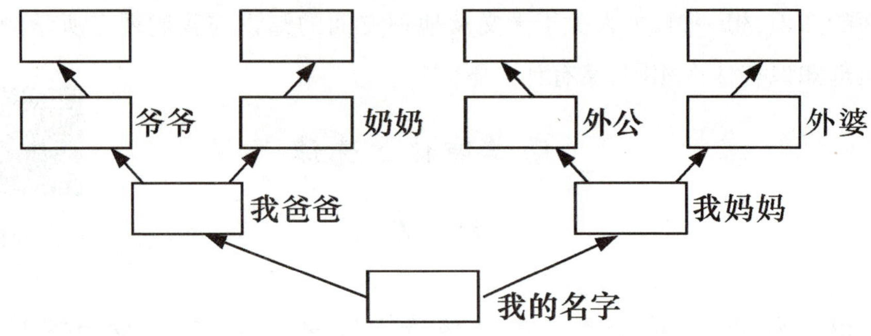

二、《弟子规》选读

同学们，在学校里，老师会教育你们要遵守《中小学生守则》和《小学生日常行为规范（修订）》中的各项规定，这些规定是教育部对中小学生日常行为最基本的要求，加强这些日常行为规范的训练，对中小学生树立正确的理想信念，养成良好的行为习惯，促进身心健康发展都起着重要的作用。

《弟子规》是古代学生应该遵守的日常行为规范。《弟子规》是依据孔子的教诲编写而成的，教导学生为人处世的各种规范。它具体论述了青少年在家、出外、待人、接物与学习上应该遵守的规范，就像我们学校里的《中小学生守则》和《小学生日常行为规范（修订）》一样。这本书的影响之大，诵读之广，仅次于《三字经》。

当然，我们也应该看到《弟子规》中某些封建礼教迂腐的色彩，“取其精华，去其糟粕”，要学到其中“孝信”的主旨，这才是最重要的。因此，重读《弟子规》，具有重塑中华礼仪之邦形象、复兴中华民族的伟大意义。

（一）总叙

阅读提要

《弟子规》这本书是依据古代至圣先师孔子的教诲而编成的生活规范。首先，在日常生活中，要做到孝顺父母，友爱兄弟姐妹。其次，在一切日常生活中要小心谨慎，要讲信用；和大众相处时要平等博爱，并且亲近有仁德的人，向他人学习。这些都是很重要并且非做不可的事，如果做了之后还有多余的时间精力，就应该好好学习六艺等其他有益的学问。

dì zǐ guī shèng rén xùn shǒu xiào tì cì jǐn xìn

弟子规，圣人训。① 首孝弟，次谨信。②

fàn ài zhòng ér qīn rén yǒu yú lì zé xué wén

泛爱众，而亲仁。③ 有余力，则学文。④

注释

①规：行为规范。圣人：指儒家创始人孔子。训：教导，训导。

②谨：出言谨慎。信：诚信。

③亲仁：亲近有德行的人。

④文：文献典籍。

译文

《弟子规》是依据圣人孔子的教诲而编成的行为规范。首先要孝敬父母，尊敬兄长；其次，言语要小心谨慎，行为要诚实守信；和大众相处时要平等博爱，并且亲近有仁德的人；如果还有多余的时间和精力，就要多学习文化知识。

（二）入则孝

阅读提要

在中国古代的思想中，“孝”是最基本的品质。一个人如果对自己的父母都不孝顺的话，那么，这个人就不可能对别人友好，这个人就会被社会所鄙视。因此，古代的小朋友从小就会接电脑相关教育——要孝顺自己的父母，其中体现出我国古代“百善孝为先”“孝为百行先”的基本思想。一个人能够孝顺父母，他就会有一颗善良仁慈的心，有了这份仁心，就可以成为一个对社会有益的人。

《弟子规》中这些规矩，看似很平常，但是，如果我们认真去执行，那就会带给父母许许多多的欢欣与快乐，我们的生活也会变得欢乐与幸福。

fù mǔ hū yìng wù huǎn fù mǔ mìng xíng wù lǎn

父母呼，应勿缓。① 父母命，行勿懒。②

fù mǔ jiào xū jìng tīng fù mǔ zé xū shùn chéng

父母教，须敬听。父母责，须顺承。③

注释

①应：回答。勿：不要。缓：迟缓。

②命：指派，差遣。

③顺承：顺从地接受。

译文

父母叫你的时候，要立刻答应，不能怠慢；父母让你做事的时候，要马上去做，不能拖延偷懒。父母的教导，要恭敬地聆听；父母的批评，要顺从地接受。

dōng zé wēn xià zé qìng chén zé xǐng hūn zé dìng

冬则温，夏则清。① 晨则省，昏则定。②

chū bì gào fǎn bì miàn jū yǒu cháng yè wú biàn

出必告，反必面。③ 居有常，业无变。④

注释

①温：使……温暖。清：使……清凉。

②省：向父母请安。定：定省，子女早晚问候父母。这里专指昏定，即晚间伺候父母安睡。

③反：同"返"，指返家。面：指当面向父母报告平安，让父母放心。

④居：住的地方。业：工作，职业。无变：没有改变，指在外做事有规律，不随意改变，以免父母担忧。

译文

子女照料父母，冬天要让他们温暖，夏天要让他们凉爽；早晨要向父母请安，晚上要伺候父母安睡；外出一定要告诉父母，回来也一定要面见父母；平时居住的地方要固定，工作也不要随意变动，以免父母担心。

shì suī xiǎo wù shàn wéi gǒu shàn wéi zǐ dào kuī
事虽小，勿擅为。① 苟擅为，子道亏。②
wù suī xiǎo wù sī cáng gǒu sī cáng qīn xīn shāng
物虽小，勿私藏。苟私藏，亲心伤。③

注释

①虽：即使。擅为：自作主张去做。为：做。

②苟：假使，如果。子道：子女应当做的。亏：欠缺，损害。

③亲：父母。

译文

事情即使很小，也不要不报告父母就自作主张去做，如果自作主张任意行动，就不符合做子女的要求。东西即使很小，也不要偷偷私藏起来，如果私藏，父母一定会非常伤心难过的。

qīn suǒ hào lì wèi jù qīn suǒ wù jǐn wèi qù
亲所好，力为具。① 亲所恶，谨为去。②
shēn yǒu shāng yí qīn yōu dé yǒu shāng yí qīn xiū
身有伤，贻亲忧。③ 德有伤，贻亲羞。④

注释

①好：喜爱。具：置办，准备。

②恶：讨厌，厌恶。去：除去，去掉。
③身：身体。贻：留给，带来。
④德：德行。羞：感到羞辱。

译文

凡是父母所喜欢的东西，一定要尽力替他们准备好；凡是父母所讨厌的事物，一定要小心地去掉（包含自己的坏习惯）。如果身体受到损伤，就会让父母为我们担忧；如果在德行上有了污点，就会给父母带来羞辱。

qīn ài wǒ xiào hé nán qīn zēng wǒ xiào fāng xián
亲爱我，孝何难？亲憎我，孝方贤。[①]
qīn yǒu guò jiàn shǐ gēng yí wú sè róu wú shēng
亲有过，谏使更。[②] 怡吾色，柔吾声。[③]
jiàn bú rù yuè fù jiàn háo qì suí tà wú yuàn
谏不入，悦复谏。[④] 号泣随，挞无怨。[⑤]

注释

①方：才。
②过：过错。谏：用言语规劝尊长。更：改变。
③怡：使……喜悦、快乐。柔：使……柔和。
④入：指采纳。复：再。
⑤号泣：大哭。挞：鞭打。

译文

父母爱我关心我，我孝敬父母并不难。父母不喜欢我，我还能用心尽孝，那才是真正的孝道。父母有过错，子女要耐心地劝说他们改正错误。劝说时，一定要和颜悦色，声音一定要柔和。如果父母不接受劝说，就等他们情绪好的时候再劝，如果还不接受，那就哭泣恳求，哪怕父母打骂也应该毫无怨言。

qīn yǒu jí yào xiān cháng zhòu yè shì bù lí chuáng
亲有疾，药先尝。[①] 昼夜侍，不离床。

sāng sān nián cháng bēi yè jū chù biàn jiǔ ròu jué
丧三年，常悲咽。[②] 居处变，酒肉绝。

sāng jìn lǐ jì jìn chéng shì sǐ zhě rú shì shēng
丧尽礼，祭尽诚。[③] 事死者，如事生。[④]

注释

①疾：病。

②丧：守丧。

③尽礼：尽力符合礼仪。

④事：侍奉，对待。

译文

当父母生病的时候，父母吃的药自己要先尝一尝（看看是不是太苦、太烫），并且应日夜侍奉在他们的身边，不能离开病床一步。父母去世后，子女要守孝三年，要常常思念父母而伤心哭泣。自己住的地方要变得简朴，而且不能饮酒吃肉。为父母办丧事要完全按照礼法去做，祭祀时要完全出于诚心。对待去世的父母，要像他们在世时一样恭敬。

国学小故事

手机扫一扫
获取更多精彩

鹿乳奉亲

郯子是春秋时郯国的国君，是古代的一位大孝子。他父母年纪大了，眼睛患病，看不清东西了。郯子听说鹿乳可以治好父母的眼病，便披着鹿皮，去深山想尽办法混入鹿群之中。终于有一天，他得到鹿乳，带回家让父母喝了。在取得鹿乳的过程中，有一次，一个猎人误认披着鹿皮的郯子是鹿，正要射他，郯子赶紧大叫，并告诉猎人实情。猎人被他的孝心感动，护送郯子出山，并且将这件事告诉了大家。从此郯子鹿乳奉亲的孝顺故事也成了千古佳话。

芦衣顺母

周朝时候,有个孝子叫作闵子骞。他是孔子的学生。生他的母亲早已过世了,他的父亲娶了后妻,生了两个儿子。那个后母很厌恶闵子骞,冬天的时候,给自己亲生的两个儿子做了棉絮做的衣裳,给闵子骞穿的衣裳却只是装着芦花的。

有一天,父亲叫闵子骞推车子出外。可是因为衣裳单薄,身体寒冷,一个不小心,弄丢了车上驾马引轴的绳子。父亲起初以为儿子太粗心,于是很生气,就用鞭子打他。鞭子把衣服抽破了,里面露出全是不保暖的芦花,父亲这才知道大儿子之所以犯错,是穿了芦花填塞的衣服,因为太过寒冷而抓不住绳子。回家后,再摸摸另外两个孩子的衣服,却是暖和的棉花。父亲的心里这才明白是后母虐待了闵子骞,一气之下,就要赶走后母。这时闵子骞跪下来哀求父亲,说:"母在一子单,母去三子寒。"意思是说,母亲在家,只有孩儿一人受冻,如果母亲走了,家里就有三个孩子要受寒。这句话感动了父亲,于是留下了后母,也使后母知道反省改过,变成了慈母。孔子在教学时,还特别称赞闵子骞:"真是难能可贵的孝子啊!"

亲尝汤药

汉朝时的文帝刘恒以孝顺出名,虽然做了皇帝,每天要处理许多公文,但是按时到母亲的房间进行问候,从无懈怠。有一次母亲生病一直没有好转,汉文帝就不分日夜尽心照顾母亲。他怕宫女不够细心，就自己精心周到地照顾母亲。晚上睡觉的时候，衣带都不解开，母亲一有动静就起来照顾，没有睡一个安稳觉。母亲喝汤药之前，他一定要亲自尝尝，看看会不会太烫或太苦。常言道：久病无孝子。汉文帝侍奉母亲，却从不懈怠，母亲病了三个年头，他也足足服侍了三年。终于，在他的精心照顾之下，母亲的身体慢慢好了。这件事感动了文武百官及天下百姓，传为千古佳话。

拾椹(shèn)异器

汉朝有个蔡顺，从小就没有了父亲，他对母亲非常孝顺。那时候正逢王莽政变，收成又不好，家里没有饭吃了，他就去捡桑树结的果子供奉母亲。他用一个器皿装着黑的桑椹子，又用另一个器皿装红的桑椹子。一次捡果子时正好碰见了起义的赤眉军，赤眉军见他在分类桑椹果子，就觉得很奇怪，忙问他这是什么缘故。蔡顺说："黑的桑椹子是比较好的，用来给母亲吃；红的桑椹子是不好的，就自己吃。"赤眉军听了，很敬佩他的孝顺，就送给他一些牛蹄和白米。

怀橘(jú)遗亲

在我国东汉时，有一个年纪才六岁的小孩叫陆绩。有一次，他在九江遇见当时的太守袁术。袁太守见他的相貌不凡，就拿出橘子给他吃。陆绩就多拿了两个藏在衣服里。等到要告辞回家的时候，橘子突然掉了出来。袁太守以为陆绩私藏橘子是出于贪心，就问他原因。陆绩回答说："橘子是给我母亲吃的，并非自已贪心，还请太守原谅！"

袁太守觉得这孩子太难能可贵了，将来一定会有出息。

知识链接

1. 我们现在怎样孝敬父母?

在我们的一生中,父母的关心和爱护是最真挚无私的,父母的养育之恩是永远也诉说不完的。可以说,父母为养育儿女付出了毕生的心血。这种恩情比天高,比地厚,是人世间最伟大的力量。“百善孝为先”,孝敬父母是中华民族的传统美德。但是,这种美德在当今的一些独生子女身上却很少表现出来。我们常常可以看到这样的家庭生活镜头:吃过饭后孩子扭头看电视或出去玩耍了,父母却在那里忙碌着收拾碗筷;家里有好吃的东西,父母总是先让孩子品尝,孩子却很少请父母先吃;孩子一旦生病,父母便忙前忙后,百般关照,而父母身体不好,孩子却很少问候。有不少学生对父母的生日不知道,但对某些明星的生日却记得一清二楚。还有些学生因父母没有文化知识,或者没有钱,或者没有权力,而看不起自己的父母。

我们要从小养成孝敬父母的好习惯,努力做到以下几点:

第一,要了解父母为我们和家庭所付出的艰辛和劳动。现在不少孩子不知道父母工作情况,不知道父母的钱是怎样得来的,只知道向父母要钱买这买那,认为父母照顾自己吃好、穿好、用好是天经地义的。这样的孩子怎么会从心底里孝敬父母呢?

第二,要从小事入手,养成孝敬父母的行为习惯。听从父母教导,关心父母健康,分担父母忧愁,参与家务劳动,不给父母添乱。要做自己力所能及的事情,如父母每天下班回家要问候;当父母劳累时,应主动帮忙做家务或请父母休息一下;当父母外出时,应提醒父母是否遗忘东西或注意天气变化;当父母有病时,应主动照顾,多说宽慰话,替他们接待客人等。应承担可以完成的家务劳动,比如说吃饭时摆碗筷等。

第三,要向孝顺父母的好榜样学习。“陈毅探母”的故事大家可能都听过。陈毅元帅是个大人物,有繁忙的公务在身,但他不忘家中的老母亲。在百忙中抽空回家探望瘫痪在床的母亲,为母亲洗尿裤,以关切的话语温暖抚慰病中的母亲。虽然陈毅元帅为母亲所做的只是一些平常得不能再平常的小事,但从这些平常的小事,看出了他对母亲浓厚的爱。他不忘母亲曾为自己付出的点点滴滴,理解母亲的艰辛和不易,知道报答母亲的养育之恩。我们要向这样的人物学习。

第四,要学会独立,少让父母操心。以前我们所说的“孝”,是指爱敬天下之人、顺天下人之心的美好德行,后多指尽心奉养父母,顺从父母的意志。但到了今天,“孝”已经有了进一步的改进,它代表了我们自己能独立,不让父母操心。此外,现在很多父母已不需子女奉养,“孝”更多指的是陪伴与相处,同时,理解与沟通逐渐取代了一味的“顺从”。

2.《劝孝歌》

同学们,下面这首《劝孝歌》写得通俗易懂,阅读之后,问问你的妈妈,这首歌词是不是写出了妈妈哺育你的经历和妈妈对你的爱?你听了之后,有什么样的感想要说给妈妈听?

《劝孝歌》(节选)

明·朱柏庐

自古圣贤把道传　孝道成为百行源
奉劝世人多行孝　先将亲恩表一番
十月怀胎娘遭难　坐不稳来睡不安
儿在娘腹未分娩　肚内疼痛实可怜
一时临盆将儿产　娘命如到鬼门关
儿落地时娘落胆　好似钢刀刺心肝
赤身无有一条线　问爹问娘要吃穿
娘坐一月罪受满　如同罪人坐牢监
把屎把尿勤洗换　脚不停来手不闲
白昼为儿受苦难　夜晚怕儿受风寒
枕头就是娘手腕　抱儿难以把身翻
半夜睡醒儿哭唤　打火点灯娘耐烦
或屎或尿把身染　屎污被褥尿湿毯
每夜五更难合眼　娘睡湿处儿睡干
倘若疾病请医看　情愿替儿把病担
对天祷告先许愿　烧香抽签求仙丹
煎汤调理时挂念　受尽苦愁对谁言

每日娘要做茶饭　儿啼哭来娘心酸
饭熟娘吃儿又喊　丢碗把儿抱胸前
待儿吃饱娘端碗　娘吃冷饭心也安
倘若无乳儿啼唤　寻觅乳母不惜钱
或喂米羹或嚼饭　或求邻舍讨乳餐
白昼儿睡把事办　或织布来或缝衫
儿醒连忙丢针线　解衣喂乳哄儿眠
晚间儿睡把灯点　或做鞋袜或纺棉
出入常把娘来唤　呼爹叫娘亲喜欢
学走恐怕跌岩坎　常防水边与火边
时时刻刻心操烂　行走步步用手牵
会说会走三岁满　学人说话父母欢
三岁乳哺苦受满　又愁疾病痘麻关
或稀或稠一大难　儿出痘花胆更寒
一见痘花有凶险　请医求神把心担
幸蒙神圣开恩点　过了此关先谢天
八岁九岁送学馆　教儿发愤读圣贤
学课书籍钱不算　纸笔墨砚又要钱
放学归家要吃饭　缝衣做饭娘耐烦
衣袜鞋帽父母办　冬穿棉衣夏穿单
倘若逃学不发奋　先生打儿娘心酸
倘若出门娘挂念　梦魂都在儿身边
常思常念常许愿　望儿在外多平安
倘若音信全不见　烧香问神求灵签
捎书带信把卦算　盼望我儿早回还
千辛万苦都受遍　你看养儿难不难
父母恩情有千万　万分难报一二三

活动拓展

1. 请老师或父母下载这首歌曲，然后跟孩子一起学唱这首歌。

《百善孝为先》(歌词)

演唱：群星

手机扫一扫
获取更多精彩

合家欢是全家美　百事和是善子缘
我心若在天地间　敬老爱幼喜连连
总从很小我就懂　要把孝字常常念
逢年过节常问候　家人自会乐开颜
百善长存仁孝心　人人才能有相融
百事可乐万事兴　孝敬父母从内心
天地有爱在人间　愿人有爱友善行
小小事有小小情　孝子常把孝为先
百善孝为先　中华的美德
天地重孝孝当先　一个孝字全家安
百善孝为先　常在心里念
福禄皆由孝字得　孝能感动地和天

2. 小朋友，每年你过生日，父母都要送你生日礼物吧，那你知道你父母的生日吗？记住他们的生日，在他们生日时，给他们送一件你自己制作的生日礼物。

3. 日常生活中，你们是怎样孝敬自己的父母的？举办一次班会，评选班级的“小孝星”。

（三）出则悌

阅读提要

出则悌，说的是兄弟姐妹相处的方法以及和长辈在一起的言行规范。在这些规范中，小朋友要谦恭有礼，尊重别他人，融入团体，为大家所接纳。当哥哥姐姐的要能友爱弟弟妹妹，做弟弟妹妹的应做到尊重哥哥姐姐，这样兄弟姐妹就能和睦相处，父母就会开心快乐了。

在现代社会中，有人认为孩子还小，和长辈相处时，不要过分地责备他们不懂礼节，长大自然就会适应了；甚至对孩子宠爱有加，把孩子当作“小皇帝”“小太阳”看待。比如总是要把好吃好用的东西先给孩子享用，以致很多孩子认为父母这样做是理所当然的，却不知道要礼让长辈，因而导致孩子养成了许多坏的习惯。而《弟子规》却教导我们，不要因为大人的宠爱而忽视了应该从小培养礼让的美德。

xiōng dào yǒu dì dào gōng xiōng dì mù xiào zài zhōng

兄道友，弟道恭。① 兄弟睦，孝在中。②

cái wù qīng yuàn hé shēng yán yǔ rěn fèn zì mǐn

财物轻，怨何生？言语忍，忿自泯。③

注释

①兄道：做兄长应遵行的规范。友：友爱、亲近。

②睦：和睦相处。

③忿：怒，怨恨。泯：消失。

译文

做哥哥的要爱护弟弟，当弟弟的要尊敬哥哥。兄弟之间能够和睦相处，对父母的孝心也就包含其中了。如果都不贪图钱财,兄弟之间就不会有怨仇。如果说话时都能够互相忍让(多替对方着想),怨恨自然就会消除。

huò yǐn shí huò zuò zǒu zhǎng zhě xiān yòu zhě hòu

或饮食,或坐走。① 长者先,幼者后。

zhǎng hū rén jí dài jiào rén bú zài jǐ jí dào

长呼人,即代叫。人不在,己即到。

注释

①或:表示列举。

译文

年幼者无论喝水、吃饭,还是坐下、行走,都应该让年长者优先。年长者有事叫人时,应立即代为传唤。如果被叫的人不在,自己应立即到年长者那里(看看有什么事情需要做)。

chēng zūn zhǎng wù hū míng duì zūn zhǎng wù xiàn néng

称尊长,勿呼名。对尊长,勿见能。①

lù yù zhǎng jí qū yī zhǎng wú yán tuì gōng lì

路遇长,疾趋揖。② 长无言,退恭立。

qí xià mǎ chéng xià jū guò yóu dài bǎi bù yú

骑下马,乘下车。过犹待,百步余。③

注释

①见能:逞能,炫耀。见,同“现”,表现。

②疾趋:快步向前,表示尊敬。揖:拱手行礼。

③过:走过去。犹:还要。

译 文

称呼长者，不可以直呼他们的名字。在长者面前，不要炫耀自己的才能（要谦虚有礼）。路上遇到长者，要快步迎上去行礼问候。如果长者没有跟自己说话，就要退在一旁恭敬站立（等待长者离去）。遇到长者，骑马时要下马，乘车时要下车。要等他们走过百米之后，自己才能上马或上车离开。

zhǎng zhě lì yòu wù zuò zhǎng zhě zuò mìng nǎi zuò
长者立，幼勿坐。长者坐，命乃坐。①
zūn zhǎng qián shēng yào dī dī bù wén què fēi yí
尊长前，声要低。低不闻，却非宜。②
jìn bì qū tuì bì chí wèn qǐ duì shì wù yí
进必趋，退必迟。③问起对，视勿移。④
shì zhū fù rú shì fù shì zhū xiōng rú shì xiōng
事诸父，如事父。⑤事诸兄，如事兄。⑥

注 释

①命：命令。乃：才。

②闻：使人听到。

③趋：快步向前。

④起：指站起来。对：回答。

⑤诸父：伯父、叔父。

⑥诸兄：同族的兄长，堂兄。

译 文

假如年长者站着，年幼者就不可以先行坐下。年长者坐下以后，让你坐时才可以坐下。在年长者面前，说话声音要低一些，但若低到听不清楚，那也不合适。在见尊长时，应快步向前，告退时，要缓慢退出。尊长问话，要站起来回答，眼睛不要东张西望（看着尊长）。对待叔叔、伯伯等尊长，应像对待自己的父亲一样

（孝顺恭敬）；对待堂兄、表兄等年长者，也应像对待自己的兄长一样（友爱尊敬）。

国学小故事

赵孝争死

汉朝时候，有一个人叫赵孝，他的弟弟叫赵礼，兄弟二人十分友爱。有一年闹饥荒，一帮强盗占据了宜秋山，把赵礼捉去了，并且要吃掉他。

赵孝就赶紧跑到强盗那里，恳求那帮强盗说："赵礼是有病的人，并且他的身体又很瘦，不好吃。我很胖，我情愿来代替他给你们吃，请你们把我的弟弟放走吧。"强盗还没有开口说话，他那弟弟赵礼不肯答应。他说道："我被将军捉住了，就是死了，也是我命里注定的，哥哥有什么罪呢！"两兄弟抱着大哭了一番。

强盗也被他们感动了，就把他们兄弟俩都释放了。这件事传到了皇帝那里，就下了诏书，给他们兄弟两个都封了官。

田真叹荆

隋朝时候，有一户姓田的人家，同胞弟兄共有三个，大的叫田真，老二叫田庆，小的叫田广。三兄弟想分家了，都已经商议好将家里的钱财平均分成三份。

堂前有一棵紫荆花树，长得非常茂盛，三兄弟议定把这棵紫荆花树也均分成三份。哪里晓得这棵紫荆树还没有等他们来分，就枯死了。

大哥田真见了，叹口气说道："树木呢，原来是同株连根的，一知道将要分开了，所以顷刻枯萎。照这样看起来，我们三兄弟还不如这株树木呢。"因此，他悲伤得不得了。此后，兄弟们仍旧同住不分家，大家更加友爱了。

温公爱兄

宋朝时候，有个贤明的宰相叫司马光。他对待父母极其孝顺，对待哥哥弟弟极其友爱，对待皇帝极其忠心，对待朋友极其诚信。所以大家称他是贤德宰相。

司马光和他的哥哥司马旦友爱得很。司马旦年近八十岁了，司马光像待父亲一样照顾他，像保护小孩子一样保护他。每逢吃饭时，如果吃得稍迟了一些，他就赶紧问哥哥："恐怕你已经饿了吧，你快来吃吧。"如果天气稍稍有一些冷了，他就会去摸摸他哥哥身上的衣服，然后说："恐怕你的衣服太薄了吧，我去给你加一件厚一点的衣服。"

难兄难弟

古时候有个陈氏家族，家长陈寔有元方、季方两个儿子，都功业有成，尊长爱幼，德行甚佳。一次，陈元方的儿子长文和陈季方的儿子孝先谈论人品问题，他们都极自豪地夸耀各自父亲的功德，争论得不可开交。

长文和孝先两个孩子都说服不了对方，就找祖父陈寔评理。陈寔笑看着两个孙子争论，但仔细想想，也觉得他们的父亲元方和季方都是好样的，于是感叹道:“元方难为弟,季方难为兄!”

“难兄难弟”的意思原是比喻兄弟才德都好,难分高下。后来多形容共患难的人或彼此处于同样困境的人。

知识链接

幼儿:在成长中走进文明

“人而无仪,不死何为?”早在两千多年前,我们的祖先就认识到了礼仪的重要。一直以来,中华民族被称为礼仪之邦。我们要从小养成文明礼貌的习惯。国外的名人詹姆斯说过,“播种一个理念,收获一种行动,播下一个行动,你将收获一种习惯;播下一种习惯,你将收获一种性格;播下一种性格,你将收获一种命运”。从小养成文明礼貌的习惯,对于我们今后的学习和整个人生的发展将产生积极的影响,尤其对我们的个性、社会性及道德品质的发展具有极其重要的意义。

但是,我们很多小朋友在日常生活中丢掉了一些传统的美德,忽略了礼仪、规则的教育与训练。调查显示:对礼仪知识有良好认识的仅占调查总数的9.9%;中等水平的占80.5%;差的为9.6%。随机测查的小朋友,做到“进屋先敲门”的为“0”,见了客人“主动问好”的占42.8%,做客时“征得同意后再玩玩具”的为“0”。

我们每个人肯定都想成为有礼貌的“小绅士”,那么我们就要在不同的场合养成文明礼貌的好品德。概而言之,文明礼貌分为生活礼仪、学习礼仪、公共场所礼仪三大部分。

其中生活礼仪又分为用餐礼仪、仪容仪表、交往礼仪三个方面。用餐礼仪主要要求学会正确地使用餐具以及用餐姿势;注意保持桌面、地面、碗内的干净与整洁;初步学会与人共餐时的礼节,不抢食,喝汤时不发出声音等。仪容仪表方面要求服装整洁,养成讲卫生的习惯;学会保持正确的坐、站、走姿势。交往礼仪是指在与人交往中,养成使用礼貌用语的习惯,初步学会与人交谈的礼节;初步学会做客的礼节;懂得尊重父母及其他长辈,会根据他人的年龄情况与他们打招呼。

在学习礼仪的过程中需要了解并遵守相关规定的,能做到发言举手、会认真听完别人的发言,与他人一起活动(超过3个人)时需要服从活动的规则,不能擅自改变规则或任性;在活动室内做到“三轻”:走路、说话、搬桌椅时动作要轻,尽量避免制造噪音;与他人讨论出现意见分歧时要商量解决,能尊重别人的意见;观看演出时,保持安静、不吃零食、不乱扔东西,演出结束后,懂得鼓掌表示感谢。

中华民族几千年来已经形成了许多公认的生活习惯礼仪。良好的生活习惯提升标志着人们的文明素质水平已得到很大提升,行为习惯是人类文明素质的外在表现,坐、立、行的姿势是否正确不但影响着人的整体素质发展水平,同时也是一个人内在气质和修养的体现。俗话讲的“站如松、坐如钟、行如风、卧如弓”,实际上就是对人们的行为习惯做出的标准要求。我们虽不能做得那么严格,但也要从小养成这样的意识,养成这样的习惯,争做一个“文明小使者”。

活动拓展

对照下面10种情况的描述,与自己的行为习惯相符的,就在后面选“是”;不符合的,就选“否”。

1. 在家里,碰到我喜欢吃的东西时,我会主动先给爷爷奶奶吃。

□是 □否

2. 家里来了个小弟弟,喜欢我的玩具,我会主动让给他玩。

□是 □否

3. 妈妈带我坐公交车,看到老爷爷上车,我会主动给他让座。

□是 □否

4. 遇到爸妈的朋友,我会主动喊“叔叔、阿姨”。 □是 □否

5. 我的小弟弟或小妹妹受到别人的欺负时,我会挺身而出。

□是 □否

6. 买电影票时,我会主动排队。 □是 □否

7. 我能自己收拾房间,自己洗衣服。 □是 □否

8. 在班级里,我能礼让同学。 □是 □否

9. 我有很多小伙伴,他们都愿意跟我玩。 □是 □否

10. 同学有什么困难,我会尽所能帮助。 □是 □否

（四）谨

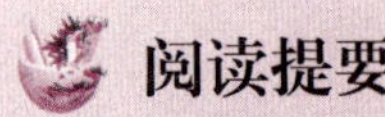

阅读提要

我们应该有怎样的日常行为规范呢？“谨”这一部分非常详细地告诉了我们许多具体的方法，比如早晨要洗漱，衣服要整洁，不要饮酒，不要偏食等，这些细节常常表现出一个人的品格与修养，我们对照这些行为规范，想想我们自己有哪些做得好，哪些还做得不够，需要改进。

zhāo qǐ zǎo　yè mián chí　lǎo yì zhì　xī cǐ shí

朝起早，夜眠迟。①老易至，惜此时。

chén bì guàn　jiān shù kǒu　biàn niào huí　zhé jìng shǒu

晨必盥，兼漱口。②便溺回，辄净手。③

注释

①朝：清晨。

②盥：指洗手、洗脸。

③便溺：大小便。辄：立即，就。

译文

清晨要尽早起床，晚上应迟些才睡。人的一生转眼间就从少年到了老年，所以要珍惜每一刻宝贵时光。早晨起床后，一定要洗脸洗手，还要刷牙漱口；每次大小便后，都要把手洗干净（这种良好的卫生习惯应该在小时候就养成）。

guān bì zhèng　niǔ bì jié　wà yǔ lǚ　jù jǐn qiè

冠必正，纽必结。①袜与履，俱紧切。②

zhì guān fú　yǒu dìng wèi　wù luàn dùn　zhì wū huì
置冠服，有定位。③ 勿乱顿，致污秽。④

注释

①冠：帽子。纽：纽带，衣服上可以扣系的部分。

②履：鞋子。

③置：放置。

④顿：丢弃。

译文

帽子一定要戴端正，衣服纽扣要扣好，袜子要穿平整，鞋带应系紧。脱下来的衣服和帽子，要放置在固定位置，不能到处乱丢，以免把衣帽弄皱弄脏。

yī guì jié　bù guì huá　shàng xún fèn　xià chèn jiā
衣贵洁，不贵华。① 上循分，下称家。②

duì yǐn shí　wù jiǎn zé　shí shì kě　wù guò zé
对饮食，勿拣择。食适可，勿过则。③

nián fāng shào　wù yǐn jiǔ　yǐn jiǔ zuì　zuì wéi chǒu
年方少，勿饮酒。④ 饮酒醉，最为丑。

注释

①贵：以……为贵。华：华丽。

②循：符合，遵守。分：身份，等级。称：相称，合适。

③则：界限。

④方：正当，正好是。

译文

穿的衣服贵在整洁大方，而不在于是否华丽。所穿衣服要符合自己的身份，还要和自己的家庭条件相适合。对于食物,既不要挑食,也不要偏食。吃东西要适量,不要吃得过多。年轻的时候,千万不要喝酒。一旦喝醉了,就会丑态百出。

bù cóng róng　lì duān zhèng　yī shēn yuán　bài gōng jìng

步从容,立端正。揖深圆,拜恭敬。①

wù jiàn yù　wù bǒ yǐ　wù jī jù　wù yáo bì

勿践阈,勿跛倚。② 勿箕踞,勿摇髀。③

注释

①深圆:行礼时身子尽量往下躬。拜:跪拜,古代一种表示敬意的礼节。

②践:踩。阈:门槛。跛倚:偏倚,站得不正。

③箕踞:坐时两腿前伸,形如簸箕,是一种傲慢无礼的表现。髀:大腿。

译文

走路时要不急不慢从容大方,站立时身体要端庄直立。作揖行礼时身体尽量往下躬,跪拜时要恭恭敬敬。进出门时,脚不要踩到门槛上;站立时,不要身子歪斜倚靠;坐着时,不要叉开两腿,更不要摇摆大腿(否则就会显得你没有教养)。

huǎn jiē lián　wù yǒu shēng　kuān zhuǎn wān　wù chù léng

缓揭帘,勿有声。宽转弯,勿触棱。①

zhí xū qì　rú zhí yíng　rù xū shì　rú yǒu rén

执虚器,如执盈。② 入虚室,如有人。

注释

①棱:物体的棱角。

②虚:空的。盈:这里是指装满东西的器物。

译 文

进出门时，要缓慢地揭开门帘，尽量不要发出响声。走路转弯时要把弯转得大些，不要碰到物体的棱角（以免造成不必要的伤害）。手里拿着空的器具，要像拿着装满东西的器具一样小心。进入没有人的房间，要像进到有人的房间一样，不要乱走乱动。

shì wù máng máng duō cuò wù wèi nán wù qīng lüè
事勿忙，忙多错。勿畏难，勿轻略。①
dòu nào chǎng jué wù jìn xié pì shì jué wù wèn
斗闹场，绝勿近。邪僻事，绝勿问。②

注 释

①轻略：草率，粗心。

②邪僻：不正当或不正派。

译 文

做事情不可太匆忙，太匆忙则容易出错。做事不要害怕困难，也不要马虎草率。凡是打架闹事的场合，绝对不能走近。凡是不正当的事情，绝对不去过问（以免污染了善良的心性）。

jiāng rù mén wèn shú cún jiāng shàng táng shēng bì yáng
将入门，问孰存。① 将上堂，声必扬。②
rén wèn shuí duì yǐ míng wú yǔ wǒ bù fēn míng
人问谁，对以名。③ 吾与我，不分明。④

注 释

①孰：谁，哪一个。存：在家。

②堂：前室、正厅。扬：高，扩大。

③对：回答。

④吾：我。

准备进入别人家门时，应该先敲门，问一声："有人在吗？"（主人允许后才能进入）将要走进厅堂时，声音要提高一些（以便让里面的人知道有人来了）。当有人问"你是谁"的时候，你应当报出自己的名字，不能只是说："是我，我！"让人无法分辨"我"是谁。

yòng rén wù　xū míng qiú　tǎng bú wèn　jí wéi tōu
用人物，须明求。倘不问，即为偷。

jiè rén wù　jí shí huán　rén jiè wù　yǒu wù qiān
借人物，及时还。人借物，有勿悭。①

①悭：小气，吝啬。

借用别人的东西，必须当面向人家提出请求。假如不问一声就拿走，那就是偷窃了。借来的物品，要及时归还。别人向你借东西，只要自己有，就不要吝啬。

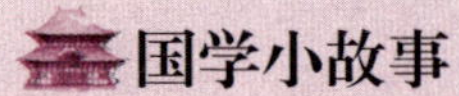

手机扫一扫
获取更多精彩

一屋不扫，何以扫天下

陈蕃是东汉时期的著名学者。十五岁的时候，他曾经独自住在一间屋子里。他那时候很懒散，经常不打扫屋子，室内物品堆放得乱七八糟。有一次，他父亲的朋友薛勤来看他，看到他的屋子里那么脏乱，就对他说："孩子，你为什么不把屋子打扫干净呢?”陈蕃听了很不好意思,但又不服输地说:“大丈夫处理事情,应当以扫除天下的坏事为己任,打扫屋子这样的小事,不做也罢。”薛勤听了,就笑着反问道:“如果你一间屋子都不打扫干净,又怎么谈得上今后去扫除天下的坏事呢?”陈蕃听了,觉得对方说得很有道理,感到很羞愧,就立即把屋子打扫得干干净净。后来,陈蕃改掉了懒散的习惯,努力学习,长大后成了著名的学者,为国家做出了贡献。

闻鸡起舞

晋代的祖逖是个胸怀坦荡、具有远大抱负的人。可他小时候却是个不爱读书的淘气孩子。成年后,他意识到自己知识的贫乏,深感不读书无以报效国家,于是就发奋读起书来。他广泛阅读书籍,认真学习历史,从中汲取了丰富的知识,学问大有长进。

祖逖和幼时的好友刘琨感情深厚,有着共同的抱负,他们都想建功立业,复兴晋国,成为国家的栋梁之才。一次半夜里,祖逖在睡梦中听到公鸡的鸣叫声,他一脚把刘琨踢醒,问他:“你听见鸡叫了吗?”刘琨说:“半夜听见鸡叫不吉利。”祖逖说:“我偏不这样想,咱们干脆以后听见鸡叫就起床练剑,如何?”刘琨欣然同意。于是他们每天鸡叫后就起床练剑。功夫不负有心人,经过长期的刻苦学习和训练,他们终于成为国家的栋梁。

圆木警枕

司马光小时候和哥哥弟弟一起学习时,他发现自己记忆力比较差,便想办法克服这个缺点。每当老师讲完书,哥哥弟弟读上一会儿,勉强背得出来,便一个接一个丢开书本,跑到院子里去玩。只有他不肯走,他轻轻地关上门窗,集中注意力高声朗读,读了一遍又一遍,直到读得滚瓜烂熟,合上书能够流畅、不错一字地背诵,才肯休息。

司马光一直坚持不懈地学习,做官之后更加刻苦。他住的地方,除了图书和睡觉的床,再没有其他珍贵的摆设了。床上很简单:一张木板床,一床粗布被子,还有一个圆木枕头。为什么要用圆木枕头呢?因为他读书太困倦的时候,一睡觉就不容易醒来了。而圆木枕头放到硬邦邦的木板床上,极容易滚动。只要稍微动一下,它就滚走了,头就会砸到木板床上,“咚”的一声，他惊醒了，就会立刻爬起来继续读书。司马光给这个圆木枕头起了个名字叫“警枕”。司马光就是靠着这样的求学精神，最终成为我国著名的历史学家。

诸葛教子

诸葛亮晚年得子，非常高兴，但他绝不溺爱孩子。诸葛亮告诫儿子，要成才就要好好学习；要学有所成，就必须有远大志向，不能懒惰怠慢，不能贪图安逸。否则，年龄会随着光阴迅速老去，意志会随着时间逐渐消磨，到头来就会像黄叶枯落一样没有用处，悲伤地守着穷家混日子，后悔就来不及了。

诸葛亮既注意教育儿子树立志向，刻苦学习，发奋成才，又注意从生活小事上严格要求。他告诉儿子，喝酒的目的是合乎礼节，交流感情，使身体舒畅，回复本来的性情。他跟儿子讲，喝酒要注意节制，不要喝得酩酊大醉，不要喝到神智不清的地步。诸葛亮虽居丞相之高位，却不多置田产，为的是让儿子丢掉依赖思想，自立于世。

羲之教子

王献之是“书圣”王羲之的第七个儿子。一天，小献之问母亲：“我只要再写上三年就行了吧？”母亲摇摇头。“五年总行了吧？”母亲又摇摇头。献之急了，冲着母亲问：“那您说究竟要多长时间？”“你要记住，写完院里这十八缸水，你的字才会有筋有骨，有血有肉，才会站得直，立得稳。”献之一回头，原来父亲站在了他的身后。

王献之心中不服，什么都没说，一咬牙又练了五年。这天他把一大堆写好的字给父亲看，希望听到几句表扬的话。谁知，王羲之一张张翻过，一个劲地摇头。当翻到一个“大”字这页时，父亲现出了较满意的表情，随手在“大”字下填了一个点，然后把字稿全部退还给献之。

小献之心中仍然不服，又将全部习字拿给母亲看，并说：“我又练了五年，并且是完全按照父亲的字样练的。您仔细看看，我和父亲的字还有什么不同？”母亲果然认真地看了三天，最后指着王羲之在“大”字下加的那个点儿，叹了口气说：“吾儿磨尽三缸水，惟有一点似羲之。”而这一点恰好是他父亲写的。

王献之终于明白了父亲的用意，于是更加努力，练字用尽了十八大缸水，终于在书法上突飞猛进，也成为我国历史上著名的书法家。

知识链接

1. 从南开中学的校训谈起

衣冠服饰是一个人身份、气质的具体表现。穿着得体的人，会给人留下良好的印象；而衣着不当，则会损害自身的形象。我国的周恩来总理就非常注意穿戴的整洁。他常对身边的工作人员说："我参加活动多，仪容是否整洁，国内国外都会注意，我的衣服一定要能表现出中国人的脸孔。"他穿衣认真仔细，讲究清洁平展；穿衣脱衣都按部就班，顺序明确。衣服一穿上身就要系好每一个扣子，衣角、袖口、领口处都会仔细平整，而且注意不能有一点点污渍。周总理又非常节俭，他的衣服大都是穿了很多年的旧衣服，常缝缝补补，但每一件都干净整洁。

周恩来总理的这种习惯和气质的养成，与他求学时在天津南开中学所受到的教育是分不开的。南开中学建于1904年，是周恩来总理和温家宝总理的母校。南开中学非常注重仪容仪表和行为举止的培养，学校有一个校训，又称"容止格言"，内容是：

面必净，发必理，衣必整，纽必结。

头容正，肩容平，胸容宽，背容直。

气象：勿傲，勿暴，勿怠。

颜色：宜和，宜静，宜庄。

其中，第一项是对学生的衣着要求：洗脸，理发，衣整，纽结，也就是衣着像样。第二项是对学生的体貌要求：头要正，肩要平，胸要宽，背要直，也就是体貌像样。第三项是对学生的气质要求：无趾高气扬，无气急暴躁，无倦怠低沉，这是要求学生气质像样。第四项是对学生的面色要求：适宜和悦，适宜娴静，适宜端庄，这是要求学生仪表像样。

南开中学在学校的重要通道处都设有大镜子，提醒过往的师生随时注意形象，这些镜子上都刻着"容止格言"，称之为"镜箴"。每逢每学期开学这天，新生们都会被要求背诵这段校训，以示不忘南开中学的精神风貌。

"容止格言"不仅是对一个人外在仪容仪表和行为举止的要求，更重要的是在行为习惯、道德修养方面具有丰富深刻的意义，对成长中的我们的优良品质及情操的培养有着重要作用。这"容"是容貌，一个人要保持美的容貌;“止”就是行止的意思,即一个人的行为表现。“面必净,发必理”,每天必须洗脸,头发必须理得干干净净、整整齐齐。“衣必整,纽必结”,衣服要穿得整整齐齐,纽扣必须扣紧。“头容正,肩容平”,头要摆得很正,这就表示心灵要摆得很正,肩要摆得很平,表明心里也要很平和。“胸容宽,背容直”,胸要宽,就是要把两块胸肌凸出来,背要挺直,这也要求我们心胸宽厚,脊梁骨是直的,不会弯曲。接下来是脸上表现出来的气象,就是“勿傲,勿暴,勿怠”,不要有骄傲的气象,不要有暴躁的气象,不要有懈怠的气象。然后脸上表现的颜色,就是“宜和,宜静,宜庄”。南开中学没有概括性地空谈道德境界,空泛地讲大道理,而是在具体行为养成上做出规定,使得学生在自我规范中把学校的规定于潜移默化中转化为个人的道德准则和行为。

校训提出的要求不难做到,难的是持之以恒,化为个人的一部分。现在有不少学生还没有“学生样子”,站没有站样,坐没有坐样。仪表反映着一个人的精神面貌,对仪表的严格要求看似是生活中的小事,其实是一件关乎社会文明的大事。一衣不整,何以拯天下?培根说:“习惯真是一种顽强而巨大的力量,它可以主宰人生。”教育就是要养成习惯。

2.《童蒙须知》

下面的《童蒙须知》写得简单易懂,《弟子规》里的很多规范借鉴了《童蒙须知》的要求,读完之后,请说一说《弟子规》里的哪些要求是来自于《童蒙须知》的。

手机扫一扫
获取更多精彩

《童蒙须知》(节选)

宋·朱熹

夫童蒙之学,始于衣服冠履,次及言语步趋,次及洒扫涓洁,次及读书写文字,及有杂细事宜,皆所当知。今逐目条列,名曰童蒙须知。

大抵为人,先要身体端正。自冠巾、衣服、鞋袜皆须收拾爱护,常令洁净整齐。

凡脱衣服,必齐整折叠箱箧中,勿散乱顿放,则不为尘埃杂秽所污,仍易于寻取,不致散失。着衣既久,则不免垢腻,须要勤勤洗浣,破绽则补缀之,尽补缀无害,只要完洁。

凡为人子弟,须是常低声下气,语言详缓,不可高言喧哄,浮言戏笑。父兄长上有所教督,但当低首听受,不可妄大议论。长上检责,或有过误,不可便自分解,姑且隐默,久却徐徐细意条陈,云此事恐是如此,向者当是偶尔遗忘;或曰当是偶然思省未至。若尔,则无伤忤,事理自明。至于朋友分上,亦当如此。

凡行步趋跄,须是端正,不可疾走跳踯。若父母、长上有所唤召,却当疾走而前,不可舒缓。

凡为人子弟,当洒扫居处之地,拂拭几案,常令洁净。文字笔砚,凡百器用,皆当严肃整齐,顿放有常处,取用既毕,复置原所。

凡子弟须要早起晏眠。

凡喧哄争斗之处,不可近,无益之事不可为。

凡饮食,有则食之,无则不可思索,但粥饭充饥不可缺。

凡饮食之物,勿争较多少美恶。

凡众坐,必敛身,勿广占坐席。

凡危险,不可近。

凡夜卧,必用枕,勿以寝衣覆首。

凡饮食,举匙必置箸,举箸必置匙。食已,则置匙箸于案。

活动拓展

1. 小调查

(1)看看谁的行为最规范。

①你使用日常文明用语吗?

A. 经常用　　B. 有时用　　C. 不用

②你在家里帮爸爸妈妈做事吗?

A. 经常做　　B. 有时做　　C. 不做

③课间,你会在走廊追逐打闹吗?

A. 有时　　B. 经常　　C. 没有

④上课或集会时,你遵守纪律吗?

A. 能遵守　　B. 不能遵守　　C. 有时会违反纪律

⑤你遵守交通规则吗?

A. 能遵守　　B. 不能遵守　　C. 有时不遵守

⑥用完水电后,你会自觉关开关吗?

A. 会　　B. 不会　　C. 有时会

⑦你有没有在桌椅上乱写乱画?

A. 有过　　B. 没有　　C. 经常乱写乱画

⑧你有没有乱扔垃圾?

A. 经常这样做　　B. 没有　　C. 有时这样做

⑨在家里,自己的事情你能自己做吗?

A. 自己不做　　B. 有时自己做　　C. 经常自己做

⑩在学校你经常主动跟老师打招呼吗?

A. 打招呼　　B. 不打招呼　　C. 时有时无

2. 围绕《小学生日常行为规范(修订)》,请你说说近期做的一件好事以及做得不够好的一件事。

第二篇　仁爱礼让

我国古代的思想家认为，一个人从小不仅要遵守各种日常行为规范，学会各种正确的礼仪，培养良好的生活习惯，养成孝顺父母、友爱同学等优良品质，而且要明白那样做的理由，只有这样，才能懂得做人的道理，才能真正诚心地去实行那些规范。

《三字经》《弟子规》的内容主要来源于我国古代著名的哲学家，如孔子、孟子等哲学家的思想。我们聆听他们的话语，阅读他们的文章，体会他们的情感，不仅能够更加深入地理解《三字经》《弟子规》所提倡的那些规范与主张，而且能够开启我们的智慧，丰富我们的情感。

一、《论语》选读

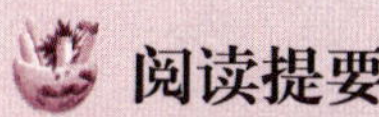

阅读提要

《论语》是我国古代称之为“圣人”的孔子及其弟子的言论和行为的记录，它是我国的经典作品，是儒家思想的核心著作，也是我国古代读书人必读的书籍，可以说，《论语》是一部影响了我国两千多年的伟大的作品。

我们从小诵读《论语》，不仅能学习到那些既生动形象又富有哲理的语言，更能了解我国古代文化中最主要的思想，理解我们中国人的行为准则，这对于我们如何做人、开启智慧，都有很大的帮助。

zǐ yuē xué ér shí xí zhī bú yì
◎子①曰：“学而时习②之，不亦
yuè hū yǒu péng zì yuǎn fāng lái bú yì lè hū
说③乎？有朋自远方来，不亦乐乎？
rén bù zhī ér bú yùn bú yì jūn zǐ hū
人不知④而不愠⑤，不亦君子⑥乎？”

注释

①子：中国古代对于有地位、有学问的男子的尊称。《论语》书中“子曰”的“子”，都是指孔子。

②习：温习、实习、练习的意思。

③说：通“悦”，愉快、高兴的意思。

④人不知：是说别人不了解自己。

⑤愠：恼怒，怨恨。

⑥君子：是孔子理想中具有高尚人格的人。

译文

孔子说："学习了又时常温习和练习，不也是很高兴的事吗？有朋友从远方来相会，不也是很快乐的事吗？别人不了解我，而我并不生气，不也是一个有德的君子吗？"

zǐ yuē bú huàn rén zhī bú jǐ zhī
◎子曰："不患①人之不己知②，
huàn bù zhī rén yě
患不知人也。"

注释

①患：忧虑、怕。

②不己知：是"不知己"的倒装句。知，了解、理解。

译文

孔子说："不担心别人不了解自己，只担心自己不了解别人。"

zǐ yóu wèn xiào zǐ yuē jīn zhī xiào
◎子游①问孝。子曰："今之孝
zhě shì wèi néng yǎng zhì yú quǎn mǎ jiē néng
者，是谓能养。至于②犬马，皆能
yǒu yǎng bú jìng hé yǐ bié hū
有养；不敬，何以别乎？"

注释

①子游：孔子学生，姓言，名偃，字子游，吴国人。

②至于：就连，就是。

译　文

子游问什么是孝，孔子答道：“如今所谓的孝，只是说能够养活父母便可以了。（但这却是很不够的，因为）对狗对马，你也都能做到饲养它们；（如果对父母只做到奉养）而不诚心孝敬的话，那和饲养狗马有什么区别呢？”

zǐ xià wèn xiào zǐ yuē sè nán

◎子夏①问孝，子曰：“色难②。

yǒu shì dì zǐ fú qí láo yǒu jiǔ shí xiān

有事，弟子③服其劳；有酒食，先

shēng zhuàn zēng shì yǐ wéi xiào hū

生④馔⑤，曾⑥是以为孝乎？”

注　释

①子夏：孔子弟子，姓卜，名商，字子夏。比孔子小四十四岁。

②色难：色，脸色，指和颜悦色。难，不容易的意思。

③弟子：指晚辈、儿女等。服：从事、担负。

④先生：指长者或父母。

⑤馔：意为饮食、吃喝。

⑥曾：难道。

译　文

子夏问什么是孝，孔子答道：“（子女尽孝）最不容易的就是对父母和颜悦色，（如果仅仅是做到）有了事情，儿女替父母去做，有了酒饭，让父母吃，难道这可以认为是孝了吗？”

zǐ yuē wēn gù ér zhī xīn kě yǐ

◎子曰：“温故①而知新，可以

wéi shī yǐ
为师矣。”

注释

①故:旧的,原先的。

译文

孔子说:“在温习已经学过的知识时,又能领悟到新的知识,这样的人就可以当老师了。”

zǐ gòng wèn jūn zǐ zǐ yuē xiān
◎子贡[①]问君子[②]。子曰:“先

xíng qí yán ér hòu cóng zhī
行其言,而后从之。”

注释

①子贡:孔子学生,姓端木,名赐,字子贡,卫国人,比孔子小三十一岁。

②君子:古代有学问有道德的人。

译文

子贡问怎样做才是君子。孔子答道:“先实行你所要说的话对应的事,然后再把话说出来。”

zǐ yuē jūn zǐ zhōu ér bù bǐ xiǎo
◎子曰:“君子周[①]而不比[②],小

rén bǐ ér bù zhōu
人[③]比而不周。”

注释

①周：团结。

②比：勾结。

③小人：不正派、不道德的人。

译文

孔子说："君子团结群众而不与人勾结，小人与人勾结而不团结群众。"

zǐ yuē xué ér bù sī zé wǎng sī

◎子曰："学而不思则罔①，思

ér bù xué zé dài

而不学则殆②。"

注释

①罔：迷惑、糊涂。

②殆：疑惑、危险。还有一种说法是指没有信心。

译文

孔子说："只读书学习而不深入思考，就会迷惑而没有收获；只空想而不读书学习，就会疑惑不解而没有信心。"

zǐ yuē yóu huì rǔ zhī zhī

◎子曰："由①！诲②女③知之

hū zhī zhī wéi zhī zhī bù zhī wéi bù zhī

乎？知之为知之，不知为不知，

shì zhì yě

是知也④。"

注释

①由：孔子弟子，姓仲，名由，字子路，他长期追随孔子。

②诲：教导，教育。

③女：通“汝”，你。

④知：前五个“知”字，是知道，了解，懂得。最后“是知也”的“知”，通“智”。

译文

孔子说：“仲由，我教给你的知识都学会了吗？知道就是知道，不知道就是不知道，这种态度才是明智的。”

zǐ yuē jiàn xián sī qí yān jiàn bù

◎子曰：“见贤[1]思齐[2]焉；见不

xián ér nèi zì xǐng yě

贤而内自省[3]也。”

注释

①贤：贤人，有德行有才能的人。

②齐：向……看齐。

③省：反省，指检查自己的思想行为。

译文

孔子说：“看到贤人，就应该想到要向他学习、看齐；看到不贤的人，就应该自我反省。”

zǐ yuē shì fù mǔ jī jiàn jiàn zhì

◎子曰：“事父母幾[1]谏，见志

bù cóng yòu jìng bù wéi láo ér bú yuàn
不从，又敬不违，劳[2]而不怨。”

注释

①幾：委婉、轻微的意思。

②劳：操劳、忧愁的意思。

译文

孔子说：“侍奉父母，如果父母有不对的地方，要委婉地劝说他们。看到父母心里不愿听从意见，仍要对父母恭恭敬敬，不加违抗，替他们操劳而不埋怨。”

zǐ yuē fù mǔ zài bù yuǎn yóu yóu bì yǒu fāng
◎子曰：“父母在，不远游[1]，游必有方[2]。”

注释

①游：游历，指离家外出求学、求官或经商等活动。

②方：去向。

译文

孔子说：“父母在世，不要远离家乡；如果不得已要出远门，也必须让父母知道自己所去的确切地方。”

zǐ yuē fù mǔ zhī nián bù kě bù zhī yě yī zé yǐ xǐ yī zé yǐ jù
◎子曰：“父母之年[1]，不可不知也。一则以喜，一则以惧[2]。”

注释

①年：年龄。

②惧：父母年纪大了就必然日益衰老，子女就会忧惧担心。

译文

孔子说："父母亲的年龄，（做子女的）不可以不知道。一方面会为他们的长寿而高兴，另一方面又会为他们的衰老而担心。"

zǐ yuē zhī zhī zhě bù rú hào zhī zhě hào zhī zhě bù rú lè zhī zhě

◎子曰："知之者不如好[①]之者，好之者不如乐之者。"

注释

①好：喜爱。

译文

孔子说："知道学习不如喜欢学习，喜欢学习不如以学习为快乐。"

zǐ bù yǔ guài lì luàn shén

◎子不语怪、力、乱、神。

译文

孔子不谈论怪异、暴力、变乱、鬼神（一类的事）。

zǐ yuē sān rén xíng bì yǒu wǒ shī yān zé qí shàn zhě ér cóng zhī qí bú shàn zhě ér gǎi zhī

◎子曰：“三人行，必有我师焉：择其善者而从之，其不善者而改之。”

译文

孔子说：“(如果)三人同行，其中必定有可以当我的老师的人。我选择他的优点向他学习，看到他不好的地方就作为借鉴，以此改掉自己的缺点。”

zǐ yuē shē zé bú xùn jiǎn zé gù yǔ qí bú xùn yě nìng gù

◎子曰：“奢则不孙①，俭则固。与其不孙也，宁固②。”

注释

①孙：通“逊”，恭顺、谦让。

②固：简陋、鄙陋。

译文

孔子说：“奢侈了就会不谦逊，节俭了就会鄙陋。与其不谦让，宁可鄙陋。”

zǐ yuē jūn zǐ tǎn dàng dàng xiǎo rén cháng qī qī

◎子曰：“君子坦荡荡①，小人长戚戚②。”

注释

①坦荡荡：心胸宽广、开阔、容忍。

②长戚戚：经常忧愁、烦恼的样子。

译文

孔子说：“君子心胸平坦宽广，小人心中常怀忧愁怨恨。”

zǐ wēn ér lì wēi ér bù měng gōng ér ān

◎子温而厉，威而不猛，恭而安。

译文

孔子温和而又严肃，有威严但不凶猛，庄重而又安详。

zǐ zài chuān shàng yuē shì zhě rú sī fū bù shě zhòu yè

◎子在川[1]上曰：“逝者[2]如斯[3]夫！不舍[4]昼夜。”

注释

①川：河流。

②逝者：指逝去的岁月、时光。

③斯：这。这里指河水。

④舍：止，停留。

译 文

孔子在河边(感叹)说:“消逝的时光就像这河水一样啊!日日夜夜不停地流逝。”

zǐ yuē sān jūn kě duó shuài yě pǐ fū bù kě duó zhì yě

◎子曰:“三军[①]可夺帅也,匹夫[②]不可夺志也。”

注 释

①三军:指军队。

②匹夫:普通的人。

译 文

孔子说:“强大的军队有可能改变它的主帅,但一个普通人却无法强迫他改变志向。”

zǐ yuē suì hán rán hòu zhī sōng bǎi zhī hòu diāo yě

◎子曰:“岁寒,然后知松柏之后凋[①]也。”

注 释

①凋:凋零、萎谢。

译 文

孔子说:“(只有)到了寒冷的季节,才知道松柏是最后凋谢的。”

shí bù yǔ qǐn bù yán

◎食不语，寝不言。

译文

吃饭的时候不交谈，睡觉的时候不说话。

xí bú zhèng bú zuò

◎席[1]不正不坐。

注释

①席：坐席。

译文

席子摆放不端正就不要坐。

zǐ yuē qí shēn zhèng bú lìng ér xíng

◎子曰：“其身正，不令而行；

qí shēn bú zhèng suī lìng bù cóng

其身不正，虽[1]令不从。”

注释

①虽：即使。

译文

孔子说：“自身品行端正，即使不下命令，事情也能施行；如果自身品行不正，即使发布命令，也不会有人听从。”

zǐ yuē rén wú yuǎn lǜ bì yǒu jìn yōu

◎子曰：“人无远虑，必有近忧。”

译文

孔子说：“人如果没有对将来的长远考虑，那一定会有近在眼前的忧患。”

zǐ yuē jūn zǐ qiú zhū jǐ xiǎo rén qiú zhū rén

◎子曰：“君子求①诸己，小人求诸人。”

注释

①求：要求，苛求。

译文

孔子说：“君子要求自己，小人苛求别人。”

zǐ gòng wèn yuē yǒu yī yán ér kě yǐ zhōng shēn xíng zhī zhě hū zǐ yuē qí shù hū jǐ suǒ bú yù wù shī yú rén

◎子贡问曰：“有一言①而可以终身行之者乎？”子曰：“其‘恕’乎！己所不欲，勿施于人。”

注释

①一言:一个字。

译文

子贡问孔子:"有一个字可以终身奉行的吗?"孔子说:"那就是'恕'啊!自己不愿意做的事情,不要强加给别人。"

zǐ yuē qiǎo yán luàn dé xiǎo bù rěn
◎ 子 曰:"巧 言① 乱 德。小 不 忍
zé luàn dà móu
则 乱 大 谋。"

注释

①巧言:花言巧语,指好听但虚假的言论。

译文

孔子说:"花言巧语会败坏德行。小事上不能忍耐就会扰乱大的谋划。"

zǐ yuē guò ér bù gǎi shì wèi guò
◎ 子 曰:"过 而 不 改①,是 谓 过
yǐ
矣!"

注释

①改:改正,纠正。

译文

孔子说："有了过错而不改正，这才是真正的过错呢！"

zǐ yuē xìng xiāng jìn yě xí xiāng
◎子曰："性① 相近也，习② 相
yuǎn yě
远③ 也。"

注释

①性：人的本性，天性。

②习：指后天形成的习性、习惯。

③远：差别大。

译文

孔子说："每个人善良的本性都很相近，但后天形成的习性却相差很远。"

zǐ yuē yú yù wú yán zǐ gòng
◎子曰："予① 欲无言② ！"子贡
yuē zǐ rú bù yán zé xiǎo zǐ hé shù yān
曰："子如不言，则小子何述焉？"
zǐ yuē tiān hé yán zāi sì shí xíng yān bǎi
子曰："天何言哉！四时③ 行焉，百
wù shēng yān tiān hé yán zāi
物生焉；天何言哉？"

注释

①予：我。

②无言：不说话。

③四时：指春、夏、秋、冬四季。

译文

孔子说："我不想说话了。"子贡说："老师如果不说话，那么弟子们还传述什么呢？"孔子说："上天何尝说话了呢！但春夏秋冬四季照样运行不息，众物照样生长。上天又何尝说话了呢？"

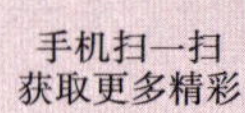

孔子的故事

孔子，名丘，是我国春秋末年鲁国陬邑（今山东曲阜东南）人。孔子是伟大的思想家，他的思想核心是"仁"。由于他在思想上和教育上都做出了巨大的贡献，后人将他称为"圣人"。

下面是与孔子有关的几个故事。

（1）孔子年轻时，他的琴技已经相当好了，但他从不满足。他听了师襄的弹奏之后，就下定决心要向师襄学习，好让自己的琴技提高到新的水平。他学习一支曲子已经半个多月了，但还是坚持继续练习这支曲子。师襄觉得孔子弹得已经相当好了，就劝他："这支曲子你确实已经会了，学一首新的吧。"孔子却说："曲调是学会了，可是奏曲的技巧还尚未学好。"过了几日，师襄听着看着，觉得这下连技艺也熟了，又劝他："技艺已经学好，该学新曲子了。"孔子还沉浸在曲调中，好一会儿才回答说："我还没能够全部领会这首曲子的志趣神韵呢。"又过些日子，细心的师襄已觉察出，自己的这个学生已经将曲子的志趣与神韵都真正把握住了，便再次郑重劝他："志趣神韵都有了，可以学习新曲子了。"但是让师襄想不到的是，孔子还是坚持要继续学习这一支曲子。他向师襄请求："再等等吧，等我体察出这支曲子的作者是谁并想象出他的精神风貌，再学新的曲子吧。"

终于有一天，孔子在琴声缭绕的余音中站起身，推开窗子，向着遥远的天边抬头仰望，许久，才若有所思地说："我已体察到作者的为人风貌了，这样的曲子，除了周文王还有谁能作得出来呢！"此语一出，师襄顿感震惊。他一下子从座位上站起来，向着二十七岁的孔子连连作揖道："是呀是呀，我的老师向我传授此曲的时候，正是说此曲名叫《文王操》呀！"

(2)孔子二十六七岁的时候在政府里担任小官。开始他当的是"乘田"，这是管牛羊的官，孔子说："叫我管牛羊，我就要把牛羊养得肥肥大大的。"他养的牛羊果然都很肥壮。后来又当了"委吏"，这份官职主要处理会计事务，孔子说："叫我管会计，我就要让账目不出错儿。"他管的账果然都是一点岔儿也没有。他在青年时期工作就是这样踏实，这样负责的。

(3)孔子师徒周游列国时，曾被围在陈国与蔡国之间的地方，没有办法弄到粮食，有七天的时间没有尝过米饭的滋味。有一天中午，他的弟子颜回讨来一些米煮稀饭。饭快要熟的时候，孔子看见颜回居然用手抓取锅中的饭吃。

孔子故意装作没有看见，当颜回进来请孔子吃饭时，孔子站起来说："食物要先献给尊长才能进食，岂可自己先吃呢？"颜回一听，连忙解释说："夫子误会了，刚才我是因看见有灰掉到锅中，所以把弄脏的饭粒拿起来吃了。"孔子叹息道："人可信的是眼睛，而眼睛也有不可靠的时候；人可依靠的是心，但心也有不足依靠的时候啊。"

(4)孔子师徒被困，吃了好几天的野菜，许多弟子都饿得无精打采了。围困他们的军队一散去，孔子的弟子们连忙出去讨要粮食。

子贡向采桑女讨来了鱼和羊肉，大师兄颜回充当火头军，点火做起了野炊。颜回见老师和师弟们都饿得大眼瞪小眼，恨不得抓住生鱼就吃，拿过羊肉就啃的样子，赶紧把鱼肉、羊肉放在一个锅里煮起来。孔子向来主张“食不厌精”，他见颜回把鱼和羊肉放在一块煮，皱了皱眉头，但已经没有指责颜回的力气啦，只好听之任之，眯着双眼就等开锅了。过了一会，肉做熟了，颜回先给孔子端上了一碗。不知孔子是饥不择食，还是的确觉得味美好吃，刚刚喝了一口汤就连连赞道：“真鲜！真鲜！”弟子们也一窝蜂地上去盛着吃起来了。孔子望着大家的吃相，突然皱起了眉头，自言自语道：“仓颉造字，将合、赞二字合写称‘鲜’，这个鲜字是毫无道理的，鱼、羊肉合炖才叫‘鲜’哪！干脆，从今天开始，就把鱼羊二字的合写当成‘鲜’吧！”弟子们听了，一边吃，一边连声称赞：“改得好，改得好！鱼羊合炖为‘鲜’，真是名副其实！名副其实啊！”从此，汉语中便有了这个令人口中生津，富有韵味，使人遐想的“鲜”字。

(5)孔子是我国最有名的教育家。孔子能够根据每个弟子的性格、优缺点，进行相应的教育。有一次，孔子的一个学生子路曾经问孔子：“听说一个很好的主张，是不是应该马上实行?”孔子说：“还有比你更有经验、有阅历的父兄呢，你应该先向他们请教请教再说，哪里能马上就做呢?”可是他的另一个学生冉有也同样问过孔子：“听说一个很好的主张，是不是应该马上实行呢?”孔子却答道：“当然应该马上实行。”公西华看见同样问题而答复不同，想不通，便去问孔子，孔子说：“冉求遇事畏缩，所以要鼓励他勇敢；仲由遇事轻率，所以要叮嘱他慎重。”孔子从学生的实际情况出发，有针对性地进行教学，使每个学生都能扬长避短，获得最佳发展，这就是因材施教。

半部《论语》治天下

宋朝的赵普是赵匡胤的部下。公元960年，赵匡胤率军北上，部队到达陈桥时，赵普为赵匡胤出谋划策，发动陈桥兵变。赵匡胤从此做了皇帝，建立了宋朝，史称宋太祖。接着，赵普又辅佐宋太祖统一了全国，做了宰相。宋太祖死后，他的弟弟赵匡义继位，史称宋太宗。

宋太宗时，赵普仍然是宰相。有人对宋太宗进谗言，说赵普学识浅，所读之书只是儒家的一部经典《论语》，当宰相不恰当。有一次，宋太宗问赵普：“有人说你只读一部《论语》，这是真的吗?”赵普老老实实地回答：“我所知道的，确实不超出《论语》这部分。过去我用半部《论语》辅佐太祖平定天

下，现在我用半部《论语》辅佐陛下使天下太平。”后来赵普病逝，家人打开他的书箱，里面果真只有《论语》二十篇。

知识链接

让中华文化拥抱世界——“孔子学院”与“汉语热”

孔子是中国传统文化的代表人物，是中国著名的教育家。孔子的学说传到西方，是从400多年前意大利传教士把记录孔子言行的《论语》一书译成拉丁文带到欧洲开始的。而今，孔子学说已走向了五大洲，各国孔子学院的建立，正是孔子“四海之内皆兄弟”“和而不同”以及“君子以文会友，以友辅仁”思想的现实实践。

为发展中国与世界各国的友好关系，增进世界各国人民对中国语言文化的理解，为各国汉语学习者提供方便、优良的学习条件，中国国家对外汉语教学领导小组办公室将在世界上有需求、有条件的若干国家建设以开展汉语教学为主要活动内容的“孔子学院”，并在中国北京设立孔子学院总部。

孔子学院，即孔子学堂，它并非一般意义上的大学，而是推广汉语和传播中国文化与国学的教育和文化交流机构，是一个非盈利性的社会公益机构，一般都是下设在国外的大学和研究院之类的教育机构中。孔子学院最重要的一项工作就是给世界各地的汉语学习者提供规范、权威的现代汉语教材；提供最正规、最主要的汉语教学渠道。2004 年 11 月 21 日，全球第一所“孔子学院”在韩国首都首尔挂牌。2014 年 4 月 17 日在北京发布的文化建设蓝皮书《中国文化发展报告（2013）》显示，截至 2013 年年底，全世界已有 120 个国家（地区）建立了 440 所孔子学院和 646 个孔子课堂，共计 1086 个。孔子学院已成为推广汉语和体现中国“软实力”的文化品牌。

据中国文化传媒网数据显示，2010 年约有 1 亿外国人学习汉语，2013 年学习汉语的外国人约 1.5 亿。该报告认为，尽管准确数据很难统计，但一个不争的事实是学习汉语的外国人逐年递增。

据相关统计报告显示，从全球分布上看，欧洲、美洲和亚洲是孔子学院分布最密集的地区，分别为 149 所、144 所和 93 所。欧洲以英国、俄罗斯、法国、德国和意大利开办的数量最多且规模最大，分别为 24 所、18 所、17 所、14 所和 11 所；美洲以美国、加拿大和巴西开办的数量最多且招生规模最大，分别为 97 所、13 所和 8 所；亚洲以韩国、日本和泰国开办的数量最多且规模最大，分别为 19 所、13 所和 12 所。

该报告显示，2010—2013 年，孔子学院的发展呈现多元化趋势。除了以汉语言文化推广为主的普通孔子学院之外，还创建了各种各样的特色孔子学院，传播中国文化，如中医孔子学院、商务孔子学院、旅游孔子学院、音乐孔子学院、舞蹈和表演孔子学院、饮食文化孔子学院、茶文化孔子学院等。该报告认为，特色孔子学院的发展走出了一条推广中华文化的新途径，其特点是不再是单纯的汉语推广，而呈现出多元化和专业化的双重特点。

CONFUCIUS INSTITUTE
孔子学院

孔子学院的标识使用简体中文“汉”字的变体，融合昂首高飞的和平鸽和地球两种图案，简洁明快，刚柔并蓄，动感有力，既充分体现了中国传统的语言文化，又体现了快速向现代化迈进的时代步伐，与中国国家语言推广机构——国家汉办的标志有一定的传承性，是国家汉办“创新、集成、跨越”工作方针的生动体现。

活动拓展

1. 读完孔子的故事,你觉得最应该向孔子学习什么?

2. 把孔子的故事讲给你的父母听,并背诵《论语》的一些语段,请父母评价。

二、《孟子》选读

阅读提要

孟子被后人称为“亚圣”，是仅次于孔子的古代圣人。他的思想都被记载下来收录到了《孟子》一书中。孟子继承了孔子的思想，又在孔子思想的基础上进行了创新，形成了自己独特的思想。“人之初，性本善”就是孟子在孔子“性相近，习相远”的基础上提出的观点，这个观点后来成为中国人对于人性最基本的解读，影响深远。

每个小朋友的本性都是善良的、纯真的，小朋友们诵读《孟子》里的语句，会变得更加聪明与友善。

rén zhě wú dí

◎仁者无敌。

译文

仁德的人是无敌于天下的。

rén zhě ài rén yǒu lǐ zhě jìng rén ài rén zhě rén héng ài zhī jìng rén zhě rén héng jìng zhī

◎仁者爱人，有礼者敬人；爱人者，人恒①爱之；敬人者，人恒敬之。

注释

①恒：常。

译文

仁爱的人爱别人，懂礼节的人尊敬别人。爱别人的人，别人也会爱他；尊敬别人的人，别人也会尊敬他。

mèng zǐ yuē rén yǒu bù wéi yě ér hòu kě yǐ yǒu wéi

◎孟子曰："人有不为也，而后可以有为。"

译文

孟子说："人有些事情不要去做，然后才能集中力量把重要的事情做好。"

bù yǐ guī jǔ bù néng chéng fāng yuán

◎不以规矩①，不能成方圆。

注释

①规：圆规。矩：曲尺。

译文

如果不用圆规和曲尺，就不能准确地画出方形和圆形。

tiān shí bù rú dì lì dì lì bù rú

◎天时①不如地利②，地利不如

rén hé
人和。③

注释

①天时:指适宜作战的时令、气候。

②地利:指适宜作战的地理形势。

③人和:指人心的拥护和团结。

译文

有利于作战的时令与气候,比不上有利于作战的地形;有利于作战的地形,比不上人心拥护、上下团结。

mèng zǐ yuē rén zhī huàn zài hào wéi
◎孟子曰:"人之患,在好①为

rén shī
人师。"

注释

①好:喜欢。

译文

孟子说:"人的缺点在于喜欢当别人的老师。"

mèng zǐ yuē xiào zǐ zhī zhì mò dà
◎孟子曰:"孝子之至①,莫大

hū zūn qīn zūn qīn zhī zhì mò dà hū yǐ tiān xià
乎尊亲;尊亲之至,莫大乎以天下

yǎng

养。”

注释

①至：极点。

译文

孟子说：“孝子的极点，没有超过尊敬他的父母的；尊敬父母的极点，没有超过拿天下来奉养父母的。”

bù dé hū qīn bù kě yǐ wéi rén bù shùn hū qīn bù kě yǐ wéi zǐ

◎不得乎亲，不可以为人；不顺[①]乎亲，不可以为子。

注释

①顺：孝顺。

译文

不能得到父母的欢心，不配做人；不能孝顺父母，不配做子女。

fù zǐ yǒu qīn jūn chén yǒu yì fū fù yǒu bié zhǎng yòu yǒu xù péng yǒu yǒu xìn

◎父子有亲，君臣有义，夫妇有别，长幼有序，朋友有信。

译文

父母与子女之间有骨肉亲情，君王与臣子之间有礼义之道，丈夫与妻子之间有内外之别，年长者与年幼者之间有尊卑主次之分，朋友之间有诚信之德。

rén zhī shí shì qīn shì yě yì zhī shí cóng xiōng shì yě zhì zhī shí zhī sī èr zhě fú qù shì yě

◎仁之实，事亲是也；义之实，从兄是也；智之实，知斯二者弗去是也。

译文

仁的实质是侍奉父母；义的实质是顺从兄长；智的实质是明白这两方面的道理而不背离。

shì shú wéi dà shì qīn wéi dà shǒu shú wéi dà shǒu shēn wéi dà

◎事，孰①为大？事亲为大；守，孰为大？守身为大。

注释

①孰：谁。

译文

侍奉，以谁最重要？侍奉双亲最重要。守护，以谁最重要？守护自己的节操最重要。

mèng zǐ yuē dào zài ěr ér qiú zhū

◎孟子曰：“道在迩①而求诸

远，事在易而求诸难——人人亲其亲[②]，长其长，而天下平。”

注释

①迩：近。

②亲其亲，长其长：前一个“亲”和“长”作动词，后一个“亲”和“长”作名词。

译文

孟子说：“平天下的道理就在近处，却偏偏要到远处去找；事情本来很容易，却偏偏往难处去想——只要人人都亲近自己的父母，尊敬自己的兄长，天下就可以太平了。”

◎老吾老，以及人之老[①]；幼吾幼，以及人之幼[②]；天下可运于掌[③]。

注释

①老吾老，以及人之老：第一个“老”字是动词，“把……当老人赡养”的意思，第二及第三个“老”字是名词，“老人”“长辈”的意思。

②幼吾幼，以及人之幼：第一个“幼”字是动词，“把……当孩子抚养”的意思，第二及第三个“幼”字是名词，“子女”“小辈”的意思。

③运于掌：在手心里运转，比喻治理天下很容易。

译 文

尊敬自己的长辈，从而推及尊敬别人的长辈；爱护自己的孩子，从而推及爱护别人的孩子。做到了这一点，治理天下就如同在手掌运转小弹丸一样容易。

mèng zǐ yuē dà rén zhě bù shī qí chì

◎孟子曰："大人者，不失其赤

zǐ zhī xīn zhě yě

子[①]之心者也。"

注 释

①赤子：刚生的婴儿。

译 文

孟子说："有德行的人，就是不丧失婴儿般纯朴之心的人。"

mèng zǐ yuē rén bù kě yǐ wú chǐ

◎孟子曰："人不可以无耻。

wú chǐ zhī chǐ wú chǐ yǐ

无耻之[①]耻，无耻矣。"

注 释

①之：至，到。

译 文

孟子说："人不可以不知羞耻。从不知羞耻到知道羞耻，就可以免于羞耻了。"

xié tài shān yǐ chāo běi hǎi yǔ rén yuē
◎挟太山①以超北海，语人曰：

wǒ bù néng shì chéng bù néng yě wèi zhǎng
“我不能。”是诚②不能也。为长

zhě zhé zhī yǔ rén yuē wǒ bù néng shì bù
者折枝，语人曰：“我不能。”是不

wéi yě fēi bù néng yě
为也，非不能也。

注释

①太山：泰山。

②诚：的确。

译文

要一个人把泰山夹在胳膊下跳过北海，这人告诉别人说：“我做不到。”这是真的做不到。要一个人为老年人折一根树枝，这人告诉别人说：“我做不到。”这是不愿意做，而不是做不到。

wàn zhāng wèn yuē gǎn wèn yǒu
◎万章问曰：“敢问‘友’。”

mèng zǐ yuē bù xié zhǎng bù xié guì bù xié
孟子曰：“不挟①长，不挟贵，不挟

xiōng dì ér yǒu yǒu yě zhě yǒu qí dé yě bù kě
兄弟而友；友也者，友其德也，不可

yǐ yǒu xié yě
以有挟也。”

注释

①挟：倚仗。

译文

万章问道："请问怎样才能交到朋友。"孟子说："不倚仗自己的年龄大，不倚仗自己的地位高，不倚仗兄弟的势力去交朋友。交朋友，交的是对方的品德，是不可以有所倚仗的。"

mèng zǐ yuē rén zhī suǒ bù xué ér néng
◎孟子曰："人之所不学而能
zhě qí liáng néng yě suǒ bú lǜ ér zhī zhě qí
者，其良[①]能也；所不虑而知者，其
liáng zhī yě hái tí zhī tóng wú bù zhī ài qí
良知也。孩提之童[②]，无不知爱其
qīn zhě jí qí zhǎng yě wú bù zhī jìng qí xiōng
亲者，及其长也，无不知敬其兄
yě qīn qīn rén yě jìng zhǎng yì yě wú
也。亲亲，仁也；敬长，义也；无
tā dá zhī tiān xià yě
他，达之天下也。"

注释

①良：指本能的，天然的。

②孩提之童：指两三岁的小孩子。

译文

孟子说："人不用学习就能做到的，那是良能；不用思考就能知道的，那是良知。两三岁的小孩子没有不知道爱他父母的，等到他长大以后，没有不知道尊敬他兄长的。亲爱父母就是仁；尊敬兄长就是义；这没有其他原因，因为这两种品德是通行天下的。”

shì sú suǒ wèi bú xiào zhě wǔ duò qí sì
◎世俗所谓不孝者五：惰其四
zhī bú gù fù mǔ zhī yǎng yī bú xiào yě
支[①]，不顾父母之养，一不孝也；
bó yì hào yǐn jiǔ bú gù fù mǔ zhī yǎng èr
博弈好饮酒，不顾父母之养，二
bú xiào yě hào huò cái sī qī zǐ bú gù fù
不孝也；好货财，私妻子，不顾父
mǔ zhī yǎng sān bú xiào yě zòng ěr mù zhī
母之养，三不孝也；从[②]耳目之
yù yǐ wéi fù mǔ lù sì bú xiào yě hào yǒng
欲，以为父母戮[③]，四不孝也；好勇
dòu hěn yǐ wēi fù mǔ wǔ bú xiào yě
斗很[④]，以危父母，五不孝也。

注释

①四支：“支”通“肢”，指四肢。

②从：通“纵”。

③戮：羞辱。

④很：通“狠”。

译文

通常认为不孝的情况有五种：四肢懒惰，不赡养父母，这是第一种不孝；喜欢下棋、喝酒，不赡养父母，这是第二种不孝；贪心钱财，只顾老婆孩子，不赡养父母，这是第三种不孝；放纵声色享乐，使父母受到羞辱，这是第四种不孝；逞勇好斗，连累父母，这是第五种不孝。

wú cè yǐn zhī xīn fēi rén yě wú xiū wù
◎无恻隐之心，非人也；无羞恶

zhī xīn fēi rén yě wú cí ràng zhī xīn fēi rén
之心，非人也；无辞让之心，非人

yě wú shì fēi zhī xīn fēi rén yě cè yǐn zhī
也；无是非之心，非人也。恻隐之

xīn rén zhī duān yě xiū wù zhī xīn yì zhī duān
心，仁之端[1]也；羞恶之心，义之端

yě cí ràng zhī xīn lǐ zhī duān yě shì fēi zhī
也；辞让之心，礼之端也；是非之

xīn zhì zhī duān yě rén zhī yǒu shì sì duān yě
心，智之端也。人之有是四端也，

yóu qí yǒu sì tǐ yě
犹其有四体也。

注释

①端：开端，起源，源头。

译文

如果没有同情心，简直不是人；如果没有羞耻心，简直不是人；如果没有谦让心，简直不是人；如果没有是非心，简直不是人。同情心是仁的发端；羞耻心是义的发端；谦让心是礼的发端；是非心是智的发端。人有这四种发端，就像他有手足四肢一样。

国学小故事

五十步笑百步

战国时代，战争连年不断，可苦了各国的老百姓。孟子看了，决定周游列国，去劝说那些好战的君主停止征战，善待百姓。孟子来到梁国，去见了好战的梁惠王。梁惠王对孟子说:“我费心尽力治国,又爱护百姓,却不见百姓增多,这是什么原因呢?”孟子回答说:“让我拿打仗作个比喻吧!双方军队在战场上相遇,免不了要进行一场厮杀。厮杀结果,打败的一方免不了会丢盔弃甲,飞奔逃命。一个兵士跑得慢,只跑了五十步,却去嘲笑跑了一百步的兵士是‘贪生怕死’。”孟子讲完故事,问梁惠王:“这对不对呢?”梁惠王立即说:“当然不对!”孟子说:“您虽然爱百姓,可您喜欢打仗,百姓就要遭殃。这与跑了五十步的士兵嘲笑跑了一百步的士兵是同样道理。”后人用“五十步笑百步”比喻自己与别人有同样的缺点或错误,只是程度上轻一些,可是却讥笑别人。

率兽食人

有一次孟子和梁惠王谈论治国之道,孟子问梁惠王:“用木棍打死人和用刀子杀死人,有什么不同吗?”梁惠王回答说:“这没有什么不同。”孟子又问:“用刀子杀死人和用政治害死人有什么不同?”梁惠王说:“也没有什么不同。”孟子接着说:“现在大王的厨房里有的是肥肉,马厩里有的是壮马,可老百姓面有饥色,野外躺着饿死的人。这是当权者在带领着野兽来吃人啊!大王想想,野兽相食,尚且使人厌恶;那么当权者带着野兽来吃人,怎么能当好老百姓的父母官呢?孔子曾经说过,首先开始用俑(古时陪同死人下葬的木偶或土偶)的人,他是断子绝孙、没有后代的吧!您看,用人形的土偶来殉葬尚且不可,又怎么可以让老百姓活活地饿死呢?”根据这句话,后人将“始作俑者”引为成语,比喻首先做某件坏事的人。

一曝十寒

孟子对齐王做事没有坚持性、轻信谗言很不满。有一次,孟子很不客气地对齐王说:“大王也太不明智了,天下虽有生命力很强的生物,可是您先把它放在阳光下晒了一天,然后又放在阴寒的地方冻了十天,它哪里还能成活呢!我跟大王在一起的时间是很短的,大王即使有了一点从善的决心,可是我一离开您,那些奸臣又来哄骗您,您又会听信他们的话,叫我怎么办呢?”他接着打了一个生动的比喻:“下棋看起来是件小事,但假使您不专心致志,也同样会学不好,下不赢对手的。弈秋是全国最擅下棋的能手,他教了两个徒弟，其中一个专心致志，处处听弈秋的指导；另一个却老是想着有大雁飞来，准备用箭射雁。两个徒弟都是一个师傅教的，都是一起学习的，然而后者的成绩却与前者差得很远。这不是他们的智力有什么区别，而是专心的程度不一样啊。”后人用“一曝十寒”这一成语来比喻修学、做事没有恒心，反复无常。

王顾左右而言他

有一次，孟子对齐宣王说：“您有一个臣子把妻子儿女托付给朋友照顾，自己到楚国去办事。等他回来的时候，他的妻子儿女却在挨饿受冻。对待这样的朋友，应该怎样办呢？”齐王说：“和他绝交。”孟子又问：“假如管刑罚的长官不能管理他的下级，那应该怎么办呢？”齐王说：“那就撤掉他。”孟子接着又问：“假如一个国家政治搞得很不好，人民又在挨饿受冻，那又应该怎么办呢？”齐王无法回答，就故意回过头来左右张望，把话题扯到别的地方去了。后人用“王顾左右而言他”来形容有意避开自己不想谈的话题。

缘木求鱼

公元前319年，孟子周游列国，第二次来到齐国。这时候，齐宣王为了扩张自己的领土，正准备攻打邻国。孟子反对战争，想宣扬自己的“仁政”思想。可要怎么做才能说服固执的齐宣王呢？于是，孟子与齐宣王进行了一段有趣的对话。

孟子问："大王心中最大的愿望是什么？"齐宣王知道孟子要来劝说自己不要攻打邻国，所以他笑而不答。孟子接着问："是因为食物不够肥美，衣服不够暖和，还是色彩不够艳丽，音乐不够美妙？要不就是因为身边伺候的人不够使唤吧？这些，臣子们都全部能给您提供，难道您还真是为了这些吗？"宣王说："不，我不是为了这些。"孟子接着说："那您最想要的，一定就是开拓疆土，收服秦国、楚国，统治中国，安抚边疆。不过，以您现在的做法，就像爬到树上去捉鱼一样啊。"听了这话，齐宣王吃了一惊，忙问："为什么？"

孟子连忙说："大王想一统天下，是以弱击强，只会给自己带来灾祸。可如果大王能施行仁政，使天下做官的人都想到您的朝廷里来做官，天下的农民都想到您的国家来种地，天下做生意的人都想到您的国家来做生意……这样，天下还有谁能够与您为敌呢？"

知识链接

手机扫一扫
获取更多精彩

孟子的性善论

人的本性到底是善良的还是邪恶的，这是一个已经争论了上千年的话题。

孔子最早提出人的本性问题。《三字经》里的"性相近，习相远"就是孔子提出来的，意思是人的本性大体上差不多，随着后天的学习才产生了差距。孔子对人性是善良的还是邪恶的并没有给出答案，留给了后人广阔的想象空间，这也是孔子的高明之处。

孟子第一个提出了人性是善良的理论。孟子认为人和禽兽是有本质区别的，这种区别的主要表现是人性和兽性的不同，人的生活高于禽兽的生活，因为人有自觉的道德观念，人性是善良的。为了说明这一点，孟子打了一个比方：一个小孩子在井边玩耍，眼看就要掉到井里去了。这时，如果有过路人看见了，一定会赶紧伸手抓住孩子，不让他掉到井里去。这个过路人之所以这么做，并不是想与孩子的父母攀个交情，也不是为了向同乡和朋友们夸耀，更不是因为厌恶那孩子的哭声，而是他不忍心让孩子掉到井里淹死。可见，人的同情心和爱心都是天生的。

孟子的这种思想在我国古代影响很大，《三字经》的第一句“人之初，性本善”，就是从孟子的这种思想中概括出来的。

活动拓展

1. 把孟子的故事讲给你的父母听。

2. 孟子被称为“亚圣”，仅次于孔子，我们应向他学习哪些方面？

3. 孟子很会说话，从孟子的故事中，你看出来他是怎样来说服人的吗？

第三篇　格言立德

我国古代教育学生，培养他们良好的思想品质，有一种很好的办法，就是利用古代文献中的格言名句以及在民间流传的俗语谚语来教育学生加强自身的道德修养。这些格言是我国古代人民生活经验的总结，反映中国人的人生态度和处事原则。我们诵读和记忆其中的一些格言，既能够提高我们的语言交流能力，也能够经常勉励我们加强道德品质的建设，提高我们的道德水平。

阅读提要

我们可以从《后汉书》中学到“有志者，事竟成”这一格言，可以从《周易》中领悟“厚德载物”的真正含义。古人云：“有志不在年高，无志空长百岁。”这些格言对于我们学习、做事都有很大的帮助。

yǒu zhì zhě shì jìng chéng

◎有志者，事竟成。（《后汉书》）

解析

有决心有志气的人所做的事情最终都会成功。

zhì dāng cún gāo yuǎn

◎志当存高远。（《诸葛亮集》）

解析

人应当怀抱高远的志向。

bǎo jiàn fēng cóng mó lì chū méi huā xiāng zì kǔ hán lái

◎宝剑锋从磨砺出，梅花香自苦寒来。（谚语）

解析

宝剑锋利的剑刃是通过磨剑石的不断研磨而形成的。“磨砺”即研磨、摩擦的意思。梅花之所以香气袭人，是因为它不畏严寒，以顽强的生命力使自己在冬季得以生存，而冬季别的花都已凋谢，只有梅花绽放，显得格外香。

zhì bù qiáng zhě zhì bù dá
◎志不强者智不达。（《墨子》）

解析

意志不坚强的人才智就得不到充分发挥。

做任何一件事，如果没有坚强不屈的意志，没有坚忍不拔的毅力，即使有超人的智慧，一生也不会有大成就。才智只是成功的一个条件，没有足够意志的话，终究不能充分应用才智，这就是所说的“志不强者智不达”。

tiān xíng jiàn jūn zǐ yǐ zì qiáng bù xī
◎天行健，君子以自强不息；
dì shì kūn jūn zǐ yǐ hòu dé zài wù
地势坤，君子以厚德载物。（《周易》）

解析

天（大自然）的运动刚强劲健，相应地，君子处世，也应像天一样，力求进步，刚毅坚卓，发愤图强，永不停息；大地的气势厚实和顺，君子应增厚美德，容载万物。

yǒu zhì bú zài nián gāo wú zhì kōng zhǎng bǎi suì
◎有志不在年高，无志空长百岁。（谚语）

解析

有志气的人不在乎年龄的大小，无志气的人即使活到一百岁，也是虚度一生。

cháng fēng pò làng huì yǒu shí zhí guà yún fān jì cāng hǎi
◎长风破浪会有时，直挂云帆济沧海。

（李白《行路难》）

解析

诗人相信总有一天，他能乘长风破万里浪，高高挂起云帆，在沧海中勇往直前！也就是说，要相信自己的理想抱负总有实现的一天。

lì zhì nán yě bú zài shèng rén zài zì shèng
◎立志难也，不在胜人，在自胜。

（《韩非子》）

解析

一个人立志的境界，不在于胜过别人，而在于胜过自己，要做到这一点，才是最困难的。或者说，一个人立志，最困难的不是立志超过别人，而是要超越自我。

lù màn màn qí xiū yuǎn xī wú jiāng shàng xià ér qiú suǒ
◎路曼曼其修远兮，吾将上下而求索。

（屈原《离骚》）

解析

在追寻真理（真知）方面，前方的道路还很漫长，但我将百折不挠，不遗余力地（上天下地）去追求和探索真理。

fēi dàn bó wú yǐ míng zhì fēi níng jìng wú yǐ zhì yuǎn

◎非淡泊无以明志，非宁静无以致远。（诸葛亮《诫子书》）

解析

如果不淡泊（追求功名利禄），便无法表明自己的志向；不安静地修养自己，便不能够达到遥远的目标。

也就是说，不追求名利，生活简单朴素，才能显示出自己的志趣；不追求热闹，心境安宁清静，才能达到远大目标。

rén shēng zài qín bù suǒ hé huò

◎人生在勤，不索何获？

（张衡《应闭》）

解析

人一辈子要勤奋努力，如果不积极地探索研究，哪会有收获或成就呢？

mǎn zhāo sǔn qiān shòu yì

◎满招损，谦受益。（《尚书》）

解析

自满于已获得的成绩，将会招来损失和灾害；谦逊并时时找出自己的不足，就能因此而得益。

dé zhě běn yě cái zhě mò yě
◎德者，本也；财者，末也。

（《礼记·大学》）

解析

道德是根本，财富只是枝节。

wù yǐ è xiǎo ér wéi zhī wù yǐ shàn xiǎo ér bù wéi
◎勿以恶小而为之，勿以善小而不为。

（《三国志·蜀志传》）

解析

对任何一件坏事，不要因为它是很小的、不显眼的就去做；相反，对于一些微小却有益于别人的好事，不要因为它意义不大就不去做。

ào bù kě zhǎng yù bù kě zòng zhì bù kě mǎn lè bù kě jí
◎傲不可长，欲不可纵，志不可满，乐不可极。

（《礼记》）

解析

骄傲不可任其滋长，欲望不可任其放纵，不能让自己志得意满，不应该让自己乐到极端。

rén shuí wú guò, guò ér néng gǎi, shàn mò

◎ 人谁无过，过而能改，善莫

dà yān

大焉。

（《左传》）

解析

人都有可能犯错误，犯了错误能改正，没有比这更好的事了。

jūn zǐ yǐ jiàn shàn zé qiān, yǒu guò zé gǎi

◎ 君子以见善则迁，有过则改。

（《周易》）

解析

君子看见好事马上跟过去学习，发现错误急速改正。

zhī rén zhě zhì, zì zhī zhě míng. shèng rén zhě

◎ 知人者智，自知者明。胜人者

yǒu lì, zì shèng zhě qiáng

有力，自胜者强。

（《老子》）

解析

了解他人优缺点的人聪明，能知道自己优缺点才是真正的聪明。能够战胜他人的人是有力量的人，而能够战胜自己的人才是真正强大的人。

hào xué jìn hū zhì, lì xíng jìn hū rén, zhī

◎ 好学近乎知，力行近乎仁，知

chǐ jìn hū yǒng
耻近乎勇。 （《礼记》）

解析

喜欢学习的品格接近智慧，努力行善的品格接近仁爱，知道羞耻的品格接近勇敢。

wú yǐ jǐ cháng ér xíng rén zhī duǎn wú gù
◎毋以己长而形人之短，毋固

jǐ zhuō ér jì rén zhī néng
己拙而忌人之能。 （《增广贤文》）

解析

不要用自己的长处去显露别人的短处，不要因为自己的不足而嫉妒别人的才能。

zhī bù zú zhě hào xué chǐ xià wèn zhě zì
◎知不足者好学，耻下问者自

mǎn
满。 （《省心录》）

解析

知道自己不足的人谦逊好学，耻于向别人请教的人骄傲自满。

jiāng hǎi suǒ yǐ néng wéi bǎi gǔ wáng zhě yǐ
◎江海所以能为百谷王者，以

qí shàn xià zhī yě gù néng wéi bǎi gǔ wáng
其善下之也，故能为百谷王。

（《老子》）

解析

大江大海之所以能成为千百河谷之水汇注之处，是因为它们善于处在低洼的地方，所以能成为百川之王。

lì lǎn qián xián guó yǔ jiā chéng yóu qín jiǎn
◎历览前贤国与家，成由勤俭
bài yóu shē
败由奢。

（李商隐《咏史》）

解析

纵观历史上贤明的国家和家族，成功靠的是勤奋节俭，国破家亡是因为骄奢淫逸。

yóu jiǎn rù shē yì yóu shē rù jiǎn nán
◎由俭入奢易，由奢入俭难。
shào chéng ruò tiān xìng xí guàn chéng zì rán
少成若天性，习惯成自然。

（《增广贤文》）

解析

由勤俭变得奢侈容易，由奢侈变得勤俭困难。儿童时期养成的习惯就像人的天性一样牢固，很难改变。

gǒu rì xīn, rì rì xīn, yòu rì xīn.
◎苟日新,日日新,又日新。

(《礼记·大学》)

解析

如果今天能改正自己的缺点与不良习惯以自新,那么就会持续不断,每天都改正自新,无有穷尽。

xué bù kě yǐ yǐ.
◎学不可以已。 (《荀子》)

解析

学习是不能停止的。

yù bù zhuó, bù chéng qì; rén bù xué, bù zhī dào.
◎玉不琢,不成器;人不学,不知道。 (《学记》)

解析

玉石不经过雕琢,不能成为有用的玉器;人不经过学习,就不能懂得事理。

shàn xué zhě, jiǎ rén zhī cháng yǐ bǔ qí duǎn.
◎善学者,假人之长以补其短。 (《吕氏春秋》)

解析

善于学习的人，能够吸取别人的长处来弥补自己的短处。

guān jīn yí jiàn gǔ wú gǔ bù chéng jīn
◎ 观今宜鉴古，无古不成今。

（《增广贤文》）

解析

观察当今的社会，应以历史为镜子加以借鉴，不借鉴历史的经验教训就无法成就当今的事情。

shū shān yǒu lù qín wéi jìng xué hǎi wú yá kǔ zuò zhōu
◎ 书山有路勤为径，学海无涯苦作舟。

（《增广贤文》）

解析

勤奋是登上知识高峰的真正道路，不怕吃苦才能在知识的海洋里自由遨游。

dú shū pò wàn juàn xià bǐ rú yǒu shén
◎ 读书破万卷，下笔如有神。

（杜甫《奉赠韦左丞丈二十二韵》）

解析

书读多了，下笔写文章就如有神助。这是比喻要想写好文章，就要多读书。

dú shū bǎi biàn qí yì zì xiàn
◎读书百遍，其义自见。

（《三国志》）

解析

读一本书上百次，书的意思自然而然就显露了出来。

jiù shū bú yàn bǎi huí dú shóu dú shēn sī zǐ zì zhī
◎旧书不厌百回读，熟读深思子自知。

（苏轼《送安敦秀才失解西归》）

解析

经典的文章要多次反复地熟读，只有熟读之后并深入思考，才能了解和体会经典的意蕴。

fū xué xū jìng yě cái xū xué yě fēi xué wú yǐ guǎng cái fēi zhì wú yǐ chéng xué
◎夫学须静也，才须学也，非学无以广才，非志无以成学。

（诸葛亮《诫子书》）

解析

学习应该专心致志，要想增长才智，必须刻苦学习。不努力学习就不能增长才智，不明确志向就不能在学习上获得成就。

rén yī néng zhī jǐ bǎi zhī rén shí néng

◎人一能之，己百之；人十能

zhī jǐ qiān zhī

之，己千之。

（《中庸》）

别人一次就学会的，我如果花上百次的功夫，一定能学会。人家十次能掌握的，我要是学一千次，也肯定会掌握的。

xué ér bú huà fēi xué yě

◎学而不化，非学也。

（杨万里《庸言》）

学习知识但不能灵活运用，不能称为学习。

xué rú nì shuǐ xíng zhōu bú jìn zé tuì

◎学如逆水行舟，不进则退。

（《增广贤文》）

学习要不断进取，不断努力，就像逆水行驶的小船，不努力向前，就会向后退。

dú xué ér wú yǒu zé gū lòu ér guǎ wén

◎独学而无友，则孤陋而寡闻。

（《礼记·学记》）

解析

一个人单独学习而没有与朋友一起切磋，就会学识浅显，见闻不广。

cāo qiān qū ér hòu xiǎo shēng guān qiān jiàn ér

◎操千曲而后晓声，观千剑而

hòu shí qì

后识器。

（《文心雕龙》）

解析

练习一千支乐曲之后才能懂得如何欣赏音乐，观察过一千柄剑之后才知道如何识别剑器。做任何事情，没有一定的经验积累，不会有很高的造诣。

mò děng xián bái le shào nián tóu kōng bēi

◎莫等闲，白了少年头，空悲

qiè

切。

（岳飞《满江红》）

解析

要抓紧时间建功立业，不要将青春白白消磨，等年老时再徒自悲伤。

shào nián yì lǎo xué nán chéng yí cùn guāng yīn

◎少年易老学难成，一寸光阴

bù kě qīng
不可轻。 （朱熹《劝学诗》）

解析

少年容易变老，但学问却很难成功，一点点的时间我们都不能浪费。这句语重心长的话，劝导我们，应该珍惜自己美好的年华，努力学习，切莫让可贵的时光从身边白白地溜走。

guāng yīn sì jiàn rì yuè rú suō
◎光阴似箭，日月如梭。

（《增广贤文》）

解析

光阴像射出去的箭一样快，日月交替像纺织机上的梭一样快。比喻时间流逝得非常快。

yí cùn guāng yīn yí cùn jīn cùn jīn nán mǎi
◎一寸光阴一寸金，寸金难买
cùn guāng yīn
寸光阴。 （谚语）

解析

一寸的光阴就像一寸长的黄金那样珍贵，但一寸长的黄金却难买到一寸的光阴。这里比喻时间非常宝贵。

yì zhōu yí fàn dāng sī lái chù bú yì
◎一粥一饭，当思来处不易；

bàn sī bàn lǚ héng niàn wù lì wéi jiān
半丝半缕，恒念物力维艰。

（朱柏庐《朱子治家格言》）

即使是一碗粥、一顿饭，也应当想到它来得不容易；即使是半根丝、半根线，也要时常想到劳作的艰辛。

āi āi fù mǔ shēng wǒ qú láo
◎哀哀父母，生我劬劳。

（《诗经》）

想起可怜的父母，做子女的是多么地为他们感到心痛啊！他们生我育我，花费了多少辛勤的劳动啊！

yáng yǒu guì rǔ zhī ēn yā yǒu fǎn bǔ zhī yì
◎羊有跪乳之恩，鸦有反哺之义。

（《增广贤文》）

羊羔有跪下接受母乳的感恩举动，小乌鸦有衔食喂母鸦的情义，做子女的要懂得孝顺父母。

qiān jīng wàn diǎn xiào tì wéi xiān
◎千经万典，孝悌为先。

（《增广贤文》）

解析

千万种经典讲的道理，孝顺父母、友爱兄弟是最应该先做到的。

xiào zài yú zhì shí bú zài yú shì mào
◎孝在于质实，不在于饰貌。

（桓宽《盐铁论·孝养》）

解析

孝在于本质的实在，不在于外表的装饰。也就是说，孝是发自内心的，不是做给别人看的。

ài qīn zhě bù gǎn wù yú rén jìng qīn zhě bù gǎn màn yú rén
◎爱亲者，不敢恶于人；敬亲者，不敢慢于人。

（《孝经》）

解析

意思是爱自己父母，不敢对他人的父母有一点厌恶。敬自己父母，不敢对他人的父母有一丝怠慢。

xiōng dì dūn hé mù péng yǒu dǔ chéng xìn
◎兄弟敦和睦，朋友笃诚信。

（陈子昂《座右铭》）

解 析

兄弟之间重要的是和睦，朋友之间重要的是诚信。

liáng yào kǔ yú kǒu ér lì yú bìng zhōng yán
◎良药苦于口而利于病，忠言
nì yú ěr ér lì yú xíng
逆于耳而利于行。 （《孔子家语》）

解 析

好的药味苦但对治病有利；劝诫的忠言听起来不顺耳却对人的行为有利。

èr rén tóng xīn qí lì duàn jīn tóng xīn
◎二人同心，其利断金；同心
zhī yán qí xiù rú lán
之言，其臭如兰。 （《周易·系辞上》）

解 析

同心协力的人，他们的力量足以把坚硬的金属弄断；同心同德的人发表一致的意见，说服力强，人们就像嗅到芬芳的兰花香味，容易接受。

jūn zǐ zhī jiāo dàn ruò shuǐ xiǎo rén zhī jiāo
◎君子之交淡若水，小人之交
gān ruò lǐ
甘若醴。 （《庄子》）

解析

君子之间的交往，像水一样平淡、纯净，这样的友谊才会持久；而小人之间的交往像甜酒一样又浓又稠，但不会长久。因此，纯洁的友谊是不带任何功利色彩的，就像水一样清澈透明。

yǔ shàn rén jiāo rú rù zhī lán zhī shì jiǔ ér bù wén qí xiāng yǔ è rén jiāo rú rù bào yú zhī sì jiǔ ér bù wén qí chòu

◎与善人交，如入芝兰之室，久而不闻其香；与恶人交，如入鲍鱼之肆，久而不闻其臭。（《幼学琼林》）

解析

和品行优良的人交往，就好像进入了摆满芳香的兰花的房间，久而久之就闻不到兰花的香味了，但本身已经充满香气；和品行败坏的人交往，就像进入了放满臭咸鱼的地方，久而久之就闻不到咸鱼的臭味了，也就是融入环境里了。所以说真正的君子必须谨慎地选择自己处身的环境。

fēi wǒ ér dàng zhě wú shī yě shì wǒ ér dàng zhě wú yǒu yě chǎn yú wǒ zhě wú zéi yě

◎非我而当者，吾师也；是我而当者，吾友也；谄谀我者，吾贼也。

（《荀子》）

解析

批评我而且批评得恰当的人，是我的老师；肯定我而且言辞恰当的人，是我的朋友；阿谀奉承我的人，是害我的敌人。意思是说，批评我的过失和肯定我的长处都能正确、恰当的人，才是我真正的良师益友。

rén ér wú xìn, bǎi shì jiē xū

◎人而无信，百事皆虚。

（《增广贤文》）

解析

做人要讲诚信，如果不讲诚信，就得不到别人的信任，什么事都做不成。这句话的意思是教育我们做人要讲诚信，否则，将会付出沉重的代价。

yì yán jì chū, sì mǎ nán zhuī

◎一言既出，驷马难追。

（《增广贤文》）

解析

一句话说出了口，就是套上四匹马拉的车也难追上。指话说出口，就不能再收回，一定要算数。

yǔ rén shàn yán, nuǎn yú bù bó; shāng rén yǐ yán, shēn yú máo jǐ

◎与人善言，暖于布帛；伤人以言，深于矛戟。

（《荀子》）

解析

对人说友好的话，比送给人暖和的布帛更使人感到温暖；用恶语去伤人，比长矛刺得还要深。

zèng rén yǐ yán zhòng yú jīn shí zhū yù

◎赠人以言，重于金石珠玉；

guān rén yǐ yán měi yú fǔ fú wén zhāng tīng rén yǐ

观人以言，美于黼黻文章；听人以

yán lè yú zhōng gǔ qín sè gù jūn zǐ zhī yú

言，乐于钟鼓琴瑟。故君子之于

yán wú yàn

言，无厌。 （《荀子》）

解析

把美好的语言赠给别人，比金石珠玉还要贵重；用美好的言语勉励别人，比艳丽的纹彩还要华美；用美好的言论称呼、评价别人，比钟鼓琴瑟还要使他快乐。所以君子在言语上的追求，永不满足。

yì nián zhī jì zài yú chūn yí rì zhī jì

◎一年之计在于春，一日之计

zài yú yín yì jiā zhī jì zài yú hé yì shēng zhī

在于寅，一家之计在于和，一生之

jì zài yú qín

计在于勤。 （《增广贤文》）

解析

一年之中最重要的是春天，一天之中最重要的是早晨。家庭中最重要的是和睦，人的一生最重要的是勤奋。

qián shì bú wàng hòu shì zhī shī

◎ 前事不忘，后事之师。

（《战国策》）

解析

以前事情的失败教训，可以成为今后行事的借鉴。

fán shì yù zé lì bú yù zé fèi

◎ 凡事豫则立，不豫则废。

（《中庸》）

解析

凡事如果能预先充分准备，就会成功；不充分准备，就会失败。

cháng jiāng yǒu rì sī wú rì mò dài wú shí

◎ 常将有日思无日，莫待无时

xiǎng yǒu shí

想有时。

（《增广贤文》）

解析

在过富有的生活的时候要想到以后可能会过贫穷的日子，不要到了一无所有的时候再来回想以前的美好生活。

lǐ shàng wǎng lái wǎng ér bù lái fēi lǐ

◎ 礼尚往来，往而不来，非礼

yě lái ér bù wǎng yì fēi lǐ yě

也，来而不往，亦非礼也。

（《礼记》）

解析

礼节上崇尚有来有往，有往而无来，不合乎礼节的要求；有来却无往，也不符合礼节的要求。

zhì yù yuán ér xíng yù fāng，dǎn yù dà ér xīn yù xiǎo
◎智欲圆而行欲方，胆欲大而心欲小。（《幼学琼林》）

解析

做人智慧要圆融，但行为要端正；气魄要宏大，但思虑要精细。

qiáng zhōng zì yǒu qiáng zhōng shǒu，mò xiàng rén qián mǎn zì kuā
◎强中自有强中手，莫向人前满自夸。（《警世通言》）

解析

尽管你是一个强者，可是一定还有比你更强的人，所以不要在别人面前骄傲自满，夸耀自己。

dào suī ěr，bù xíng bú zhì。shì suī xiǎo，bù wéi bù chéng
◎道虽迩，不行不至。事虽小，不为不成。（《荀子》）

解析

道路虽然近，如果不去走，就无法到达；事情虽然小，如果不去做，就不能成功。那种天天空闲无事的人，是不可能超过别人的。

bù jī kuǐ bù wú yǐ zhì qiān lǐ bù jī
◎不积跬步，无以至千里；不积
xiǎo liú wú yǐ chéng jiāng hǎi
小流，无以成江海。 （《劝学篇》）

解析

如果不一步一步地走，是不可能走完千里路途的；如果没有一条一条的小溪汇集，是不能汇流成江河湖海的。

hé bào zhī mù shēng yú háo mò jiǔ céng
◎合抱之木，生于毫末；九层
zhī tái qǐ yú lěi tǔ qiān lǐ zhī xíng shǐ yú zú
之台，起于累土；千里之行，始于足
xià
下。 （《老子》）

解析

合抱的大树，生长于细小的幼苗；九层的高台，筑起于每一堆泥土；千里的远行，是从脚下第一步开始走出来的。

qiè ér shě zhī xiǔ mù bù shé qiè ér bù
◎锲而舍之，朽木不折；锲而不

shě jīn shí kě lòu
舍，金石可镂。 （《荀子》）

解析

雕刻时如果半途而废，连朽了的木头也弄不断；如果坚持雕刻，不放弃，金属和石头也能刻得动。

yì nián zhī jì mò rú shù gǔ shí nián zhī
◎一年之计，莫如树谷；十年之
jì mò rú shù mù bǎi nián zhī jì mò rú shù
计，莫如树木；百年之计，莫如树
rén
人。 （《管子》）

解析

（做）一年的打算，没有什么比得上种植庄稼的；（做）十年的打算，没有什么比得上栽种树木的；（做）一生的打算，没有什么比得上培养人才的。

国学小故事

“座右铭”的故事

“座右铭”泛指有激励、警戒作用的格言，人们一般会写出来放在自己的座位旁边，以警戒自己。那为什么“座右铭”要放在座位右边呢？这个名称又是怎样得来的呢？看过以下的故事，你就会明白了。

一天，孔子带学生到一座庙宇去参拜。这座庙是齐国人为了纪念齐桓公而建的，庙内有许多祭器，其中最有趣的就是一种叫“攲（qī）器”的酒器。这种酒器很特别，它由一条轴悬挂在两边的架上，这样，攲器空的时候便倾斜，装酒至半满时就直立，装满了酒就又会倾斜，令酒流出来。齐桓公生前

把这个攲器放在座位右侧，用来警示自己不要骄傲自满，否则就会像攲器一样倾斜失衡。孔子的学生把水倒进攲器里一试，果然只有半满才不会倾斜。孔子有感而发，便教导学生“满招损，谦受益”的道理。回到家里，孔子也请人做了一个攲器放在座位右侧，警示自己常怀谦卑之心，不要自满。

“铭”本来是刻在金属器物或石碑之上，记述史实、功绩等内容的文字。人们将刻在座位右边攲器上用来警戒自己的文字称为“座右铭”。后来，座右铭逐渐演化为泛指有激励和警戒作用的格言，不再仅限于指攲器上的刻文，也不一定要放在座位右边了。

蒲松龄的座右铭

蒲松龄是清代文学家，字留仙，号柳泉居士，淄川(现在山东省淄博)人。

蒲松龄青年时就才华横溢，但是多次参加科举不中，在家乡做了四十多年的教书先生。坎坷的遭遇，贫困的生活，使蒲松龄同劳动人民有着密切的联系。他在家门口设了一个茶水点，让每一个过路人免费喝茶，但必须讲一个故事，他把路人讲的故事记录下来，准备写一本叫作《聊斋志异》的书。到后来他的家资全部用光了，但是为了写书，他立志自勉，于是就写了一副对联：

有志者，事竟成，破釜沉舟，百二秦关终属楚。

有心人，天不负，卧薪尝胆，三千越甲可吞吴。

“有志者，事竟成”用的是一句古代的格言，而“破釜沉舟”和“卧薪尝胆”则用的是“项羽灭秦”和“勾践破吴”的两件史实。后来蒲松龄终于写出了《聊斋志异》，被誉为中国的“短篇小说之王”。

清华大学的校训

我国著名学府清华大学的校训是“自强不息，厚德载物”。“自强不息，厚德载物”这八字来源于我国古代一本著名的书《周易》里的语句：“天行健，君子以自强不息；地势坤，君子以厚德载物。”1914 年的冬天，我国著名思想家梁启超先生来清华大学讲演，演讲题目是《君子》，他就用这句格言来激励清华的学生要树立远大志向，培养高尚情操，勤于学习，努力工作，为报效祖国与造福人民不懈奋斗。

这次讲演以后，清华大学就把其中的八个字“自强不息，厚德载物”作为校训，永久流传。

知识链接

名人的座右铭

毛泽东同志在湖南长沙第一师范学习时的座右铭——贵有恒，何必五更起三更眠；最无益，只怕一日曝十日寒。

周恩来同志在青年时代的一句座右铭——与有肝胆人共事，从无字句处读书。

中国现代军事家叶挺的座右铭——三军可夺帅，匹夫不可夺志。

我国著名教育家陶行知的座右铭——千教万教教人求真，千学万学学做真人。

我国著名史学家范文澜的座右铭——板凳要坐十年冷，文章不写一句空。

我国著名作家朱自清的座右铭——但得夕阳无限好，何须惆怅近黄昏。

中国现代杰出画家徐悲鸿的座右铭——人不可有傲气，但不可无傲骨。

中国当代著名美学家朱光潜的座右铭——恒、恬、诚、勇。

中国当代著名数学家华罗庚的座右铭——见面少叙寒暄话，多把艺术谈几声。

中国当代著名化学家侯德榜的座右铭——勤能补拙，勤俭立业。

世界著名传染病学家巴斯德的座右铭——意志、工作、等待，是成功金字塔的基石。

近代电磁学的奠基者法拉第的座右铭——拼命去争取成功，但不要期望一定会成功。

法国著名作家左拉的座右铭——没有一天不写一行。

法国大文豪巴尔扎克的座右铭——我粉碎了每一个障碍。

苏联著名作家高尔基的座右铭——我现在还在学习，我愿终生是学生。

活动拓展

1. 问问你的父母，他们有座右铭吗？他们的座右铭是什么？
2. 你想把哪一句格言作为你的座右铭？向同学说说你的理由。

第四篇　诗歌怡情

我国古代讲究“修身必先学诗”，不仅因为诗歌读起来朗朗上口，而且因为诗歌里面有许多有趣的故事，有许多生动鲜明的形象，有许多打动人心的情感，有许多启迪智慧的哲理。诵读这些优美的诗歌，能够使人受到感染，从而在潜移默化中陶冶情操，开启我们生命的源泉。

手机扫一扫
获取更多精彩

一、《声律启蒙》选读

阅读提要

古代的小朋友都要学习怎么对对子，这是学写诗的前提。对对子其实是一件很有趣的事情，古代的小朋友读熟了《声律启蒙》这样的书后，就能够写出简单的对联来了。你熟读了《声律启蒙》，也能写出好的对联来哦。

《声律启蒙》是古代儿童学习声韵格律的启蒙读物，它把常见的韵字组成韵语，这些韵语又都是富有文采、符合格律的对子，同时又巧妙地融入了大量的历史故事与成语典故。儿童从中可以得到语音、词汇、修辞等方面的综合训练。古代的小朋友们在朗朗的读书声中，既可以感受到中国语言独特的声韵之美，又增长了见识，拓展了思维，涵养了性情。中国古代的教育真是独特而又充满了智慧。

yī dōng
一 东

yún duì yǔ xuě duì fēng wǎn zhào duì qíng kōng
云对雨，雪对风，晚照对晴空。
lái hóng duì qù yàn sù niǎo duì míng chóng sān chǐ
来鸿对去燕，宿鸟对鸣虫。三尺
jiàn liù jūn gōng lǐng běi duì jiāng dōng rén jiān qīng
剑，六钧弓①，岭北对江东。人间清
shǔ diàn tiān shàng guǎng hán gōng liǎng àn xiǎo yān
暑殿②，天上广寒宫。③两岸晓烟
yáng liǔ lǜ yì yuán chūn yǔ xìng huā hóng liǎng bìn fēng
杨柳绿，一园春雨杏花红。两鬓风

shuāng tú cì zǎo xíng zhī kè yì suō yān yǔ xī
霜，途次④早行之客；一蓑烟雨，溪
biān wǎn diào zhī wēng
边晚钓之翁。

注释

①六钧弓：指拉力较强的弓箭。钧，古代重量单位，三十斤为一钧。

②清暑殿：洛阳的一座宫殿。

③广寒宫：神话传说中的月宫。

④途次：旅途的意思。

èr dōng
二 冬

chūn duì xià qiū duì dōng mù gǔ duì chén zhōng
春对夏，秋对冬，暮鼓对晨钟①。
guān shān duì wán shuǐ lǜ zhú duì cāng sōng féng fù hǔ
观山对玩水，绿竹对苍松。冯妇虎，
yè gōng lóng wǔ dié duì míng qióng xián ní shuāng zǐ
叶公龙，舞蝶对鸣蛩②。衔泥双紫
yàn kè mì jǐ huáng fēng chūn rì yuán zhōng yīng qià
燕，课蜜③几黄蜂。春日园中莺恰
qià qiū tiān sài wài yàn yōng yōng qín lǐng yún
恰④，秋天塞外雁雍雍⑤。秦岭云
héng tiáo dì bā qiān yuǎn lù wū shān yǔ xǐ cuó
横，迢递⑥八千远路；巫山雨洗，嵯
é shí èr wēi fēng
峨⑦十二危⑧峰。

注释

①暮鼓对晨钟：古代寺庙傍晚击鼓、早晨敲钟以报时。

②蛩：古代蝗虫、蝉、蟋蟀等类的小昆虫都可叫蛩，此处指蟋蟀。

③课蜜：即采蜜。

④恰恰：象声词，黄莺的叫声。

⑤雍雍：象声词，大雁的叫声。

⑥迢递：遥远的样子。

⑦嵯峨：山势高危的样子。

⑧危：高。

sān jiāng
三　江

lóu duì gé　hù duì chuāng　jù hǎi duì cháng
楼对阁，户对窗，巨海对长

jiāng　róng　shang duì huì　zhàng　yù jiǎ　duì yín
江。蓉[1]裳对蕙[2]帐，玉斝[3]对银

gāng　qīng bù màn　bì yóu chuáng　bǎo jiàn duì
釭[4]。青布幔，碧油幢[5]，宝剑对

jīn gāng　zhōng xīn ān shè jì　lì kǒu　fù jiā
金缸。忠心安社稷，利口[6]覆家

bāng　shì zǔ zhōng xīng yán mǎ wǔ　jié wáng
邦[7]。世祖中兴延马武[8]，桀王

shī dào shā lóng páng　qiū yǔ xiāo xiāo　màn làn
失道杀龙逄[9]。秋雨潇潇，漫烂

huáng huā　dū mǎn jìng　chūn fēng niǎo niǎo　fú shū　lǜ
黄花[10]都满径；春风袅袅，扶疏[11]绿

zhú zhèng yíng chuāng
竹正盈窗。

注释

①蓉：芙蓉。

②蕙：一种兰花，又名蕙兰、佩兰。
③斝：古代一种铜制的饮酒器具。
④釭：灯。
⑤幢：古代一种用羽毛作装饰的用于仪仗的旗帜。
⑥利口：能言善辩的嘴，代指只说不做的清谈家。
⑦家邦：国家。邦，国。
⑧世祖中兴延马武：光武帝刘秀为了中兴汉室延请马武为将军。
⑨桀王失道杀龙逄：夏朝的桀王不顾道义杀了贤臣关龙逄。
⑩黄花：此处特指菊花。
⑪扶疏：植物错落有致的样子。

四支（sì zhī）

茶对酒，赋对诗，燕子对莺儿。栽花对种竹，落絮[①]对游丝。四目颉[②]，一足夔[③]，鸲鹆[④]对鹭鸶。半池红菡萏[⑤]，一架白荼蘼[⑥]。几阵秋风能应候[⑦]，一犁春雨甚知时。智伯恩深，国士吞变形之炭；羊公德大，邑人竖堕泪之碑。

（chá duì jiǔ，fù duì shī，yàn zǐ duì yīng ér。zāi huā duì zhòng zhú，luò xù duì yóu sī。sì mù jié，yì zú kuí，qú yù duì lù sī。bàn chí hóng hàn dàn，yí jià bái tú mí。jǐ zhèn qiū fēng néng yìng hòu，yì lí chūn yǔ shèn zhī shí。zhì bó ēn shēn，guó shì tūn biàn xíng zhī tàn；yáng gōng dé dà，yì rén shù duò lèi zhī bēi。）

注释

①落絮：飘落的杨柳花絮。

②四目颉：颉指仓颉，传说中创造文字的人，据说他“四目灵光”。

③一足夔：可理解为一只脚的音乐之神。

④鸲鹆：鸟名，俗称八哥。

⑤菡萏：荷花。

⑥荼蘼：又名木香，一种藤类植物，晚春开白花。

⑦候：这里是节气、时令的意思。

wǔ wēi
五 微

lái duì wǎng mì duì xī yàn wǔ duì yīng fēi
来对往，密对稀，燕舞对莺飞。
fēng qīng duì yuè lǎng lù zhòng duì yān wēi shuāng jú
风清对月朗，露重对烟微。霜菊
shòu yǔ méi féi kè lù duì yú jī wǎn xiá
瘦，雨梅肥，客路对渔矶[①]。晚霞
shū jǐn xiù zhāo lù zhuì zhū jī xià shǔ kè sī
舒锦绣，朝露缀珠玑。夏暑客思
qī shí zhěn qiū hán fù niàn jì biān yī chūn
攲[②]石枕，秋寒妇念[③]寄边衣[④]。春
shuǐ cái shēn qīng cǎo àn biān yú fù qù xī yáng bàn
水才深，青草岸边渔父去；夕阳半
luò lǜ suō yuán shàng mù tóng guī
落，绿莎[⑤]原上牧童归。

注释

①矶：水边的石滩或突出的大石头。

②攲：不正、倾斜，这里是斜靠着、斜倚着的意思。

③念：想着。

④边衣：供戍守边防的战士穿的衣裳。古代军队战士的衣服(特别是寒

衣)要由家中的妻子寄送。

⑤莎:一种多年生草本植物,多生在潮湿地区和水边沙地上。

六鱼

无对有,实对虚,作赋对观书。绿窗对朱户[①],宝马对香车。伯乐[②]马,浩然[③]驴,弋[④]雁对求鱼。分金齐鲍叔[⑤],奉璧蔺相如[⑥]。掷地金声孙绰赋[⑦],回文锦字窦滔书[⑧]。未遇殷宗,胥靡[⑨]困傅岩之筑;既逢周后[⑩],太公舍渭水之渔。

注释

①户:门。

②伯乐:春秋秦穆公时人,以善于相马闻名。

③浩然:唐代著名诗人孟浩然,喜骑驴。

④弋:也叫弋射,一种用系有细丝绳的箭射猎飞禽的射猎方式。

⑤分金齐鲍叔:齐国的鲍叔牙和管仲做生意后分利润。

⑥奉璧蔺相如:蔺相如完璧归赵的典故。

⑦掷地金声孙绰赋:晋朝孙绰做的赋扔到地上会发出如钟磬般乐器的

声音,形容文章写得非常好。

⑧回文锦字窦滔书:是指东晋窦涛的妻子用锦织成的一首表示自己思念之情的回文旋图诗(顺读反读皆能成文的诗)。

⑨胥靡:连绵词,小的、地位卑微的。

⑩周后:指周文王。

七虞

金对玉,宝对珠,玉兔[①]对金乌[②]。孤舟对短棹[③],一雁对双凫[④]。横醉眼,捻吟须,李白对杨朱。秋霜多过雁,夜月有啼乌。日暖园林花易赏,雪寒村舍酒难沽。人处岭南[⑤],善探巨象口中齿;客居江右[⑥],偶夺骊龙[⑦]颔下珠。

注释

①玉兔:传说月中有一只捣药的白兔,故以玉兔代指月亮。

②金乌:传说日中有一只三足乌,故以金乌代指太阳。

③棹:桨之类的划船工具。

④凫:野鸭之类的水鸟。

⑤岭南:五岭山脉之南,即今广东广西一带。

⑥江右:长江下游以东的地区,即今江苏一带。

⑦骊龙:黑色的龙。据《庄子·列御寇》所述,价值千金的宝珠,一定藏于深渊之中的骊龙颔下。

bā qí

八齐

yán duì xiù jiàn duì xī yuǎn àn duì wēi
岩对岫[1],涧对溪,远岸对危
dī hè cháng duì fú duǎn shuǐ yàn duì shān jī
堤[2]。鹤长[3]对凫短,水雁对山鸡。
xīng gǒng běi yuè liú xī hàn lù duì tāng ní
星拱北[4],月流西,汉露对汤霓[5]。
táo lín niú yǐ fàng yú bǎn mǎ cháng sī shū zhí qù
桃林牛已放,虞坂马长嘶。叔侄去
guān wén guǎng shòu dì xiōng ràng guó yǒu yí qí
官闻广受[6],弟兄让国有夷齐[7]。
sān yuè chūn nóng sháo yào cóng zhōng hú dié wǔ wǔ gēng
三月春浓,芍药丛中蝴蝶舞;五更
tiān xiǎo hǎi táng zhī shàng zǐ guī tí
天晓,海棠枝上子规[8]啼。

注释

①岫:山洞。也可指峰峦或山谷。

②危堤:高堤。危,高。

③鹤长:仙鹤的脖子长。凫短:野鸭的脖子短。

④星拱北:群星都环绕着北斗星。

⑤汤霓:汤,成汤。霓,云霓。

⑥叔侄去官闻广受:汉代疏广和侄儿疏受被授予太傅和少傅官职,疏广

认为应适可而止，于是辞官回家。

⑦弟兄让国有夷齐：伯夷、叔齐是孤竹君的儿子，父亲死后互相推让对方继位。

⑧子规：杜鹃鸟。

jiǔ jiā
九 佳

hé duì hǎi hàn duì huái chì àn duì zhū yá
河对海，汉对淮，赤岸对朱崖。
lù fēi duì yú yuè bǎo diàn duì jīn chāi yú yǔ
鹭飞对鱼跃，宝钿[1]对金钗。鱼圉
yǔ niǎo jiē jiē cǎo lǚ duì máng xié gǔ
圉[2]，鸟喈喈[3]，草履对芒鞋[4]。古
xián cháng dǔ hòu shí bèi xǐ huī xié mèng xùn wén
贤尝笃厚，时辈喜诙谐。孟训文
gōng tán xìng shàn yán shī kǒng zǐ wèn xīn zhāi huǎn fǔ
公谈性善，颜师孔子问心斋。缓抚
qín xián xiàng liú yīng ér bìng yǔ xié pái zhēng zhù
琴弦，像流莺而并语；斜排筝柱，
lèi guò yàn zhī xiāng āi
类过雁之相挨[5]。

注释

①宝钿：上面镶有宝玉的金银首饰。

②圉圉：尚未舒展开来的样子。

③喈喈：象声词，鸟叫声。

④芒鞋：一种草鞋，以芒草织成。

⑤挨：一个接一个地排列。

十灰

shí huī

增对损，闭对开，碧草对苍苔。书签对笔架，两曜[1]对三台[2]。周召虎[3]，宋桓魋[4]，阆苑[5]对蓬莱[6]。薰风生殿阁，皓月照楼台。却马[7]汉文思罢献，吞蝗[8]唐太冀移灾。照耀八荒，赫赫丽天[9]秋日；震惊百里，轰轰出地春雷。

zēng duì sǔn bì duì kāi bì cǎo duì cāng tái shū qiān duì bǐ jià liǎng yào duì sān tái zhōu shào hǔ sòng huán tuí làng yuàn duì péng lái xūn fēng shēng diàn gé hào yuè zhào lóu tái què mǎ hàn wén sī bà xiàn tūn huáng táng tài jì yí zāi zhào yào bā huāng hè hè lì tiān qiū rì zhèn jīng bǎi lǐ hōng hōng chū dì chūn léi

注释

①两曜：太阳和月亮。曜，日、月、星的总称。

②三台：星宿名，也称三阶、泰阶。分上台、中台、下台，各有两颗星，共六颗。

③召虎：人名，周宣王的大臣。

④桓魋：春秋时宋国人。

⑤阆苑：传说为昆仑之巅的阆风山中的一座园林，为神仙所居。

⑥蓬莱：也叫蓬壶，传说中渤海上的三座神山之一，上有神仙居住。

⑦却马：汉文帝时，有人进献千里马，汉文帝下诏退还。

⑧吞蝗：传说唐太宗曾经吞吃蝗虫。

⑨丽天：附着在天空。

十一真

香对火，炭对薪[①]，日观对天津。禅心对道眼，野妇对宫嫔。仁无敌，德有邻，万石[②]对千钧。滔滔三峡水，冉冉一溪冰。充国功名当画阁，子张言行贵书绅。笃志诗书，思入圣贤绝域[③]；忘情官爵，羞沾名利纤尘[④]。

注释

①薪：柴火。

②石：古代重量单位，四钧（一百二十斤）为石。

③绝域：最高境界。

④纤尘：细微的尘土，喻指微小的、不值得看重的东西。

十二文

家对国，武对文，四辅[①]对三军。九经[②]对三史[③]，菊馥[④]对兰芬。

gē běi bǐ yǒng nán xūn ěr tīng duì yáo wén
歌北鄙⑤，咏南薰，迩⑥听对遥闻。
shào gōng zhōu tài bǎo lǐ guǎng hàn jiāng jūn wén huà shǔ
召公周太保，李广汉将军。闻化蜀
mín jiē cǎo yǎn zhēng quán jìn tǔ yǐ guā fēn wū xiá
民皆草偃⑦，争权晋土已瓜分。巫峡
yè shēn yuán xiào kǔ āi bā dì yuè héng fēng qiū zǎo
夜深，猿啸苦哀巴地月；衡峰秋早，
yàn fēi gāo tiē chǔ tiān yún
雁飞高贴楚天云。

注释

①四辅：传说古代天子有四个辅佐官。

②九经：儒家的九部经典。

③三史：指《史记》《汉书》《后汉书》三部史书。

④馥：香。

⑤北鄙：代指北边边境地方的歌谣。

⑥迩：近。

⑦草偃：像草一样随风而倒伏。

shí sān yuán
十三元

yōu duì xiǎn jì duì xuān liǔ àn duì táo yuán
幽对显，寂对喧①，柳岸对桃源。
yīng péng duì yàn yǒu zǎo mù duì hán xuān yú yuè zhǎo
莺朋对燕友，早暮对寒暄。鱼跃沼，
hè chéng xuān zuì dǎn duì yín hún qīng chén shēng fàn
鹤乘轩，醉胆对吟魂。轻尘生范
zèng jī xuě yōng yuán mén lǚ lǚ qīng yān fāng cǎo dù
甑，积雪拥袁门。缕缕轻烟芳草渡，

sī sī wēi yǔ xìng huā cūn yì quē wáng tōng xiàn
丝丝微雨杏花村。诣阙② 王通③，献
tài píng shí èr cè chū guān lǎo zǐ zhù dào dé wǔ
太平十二策；出关老子④，著道德五
qiān yán
千言。

注释

①暄：温暖。

②诣：往、到。

③王通：隋人，唐代诗人王勃的祖父。曾献《太平策》十二策，以古论今，推崇用道德统一天下。

④老子：春秋战国时楚国人，姓李，名耳，字聃。据说他西出函谷关，为关尹（官名）喜（人名）著《道德经》（《老子》），全文共五千字，此书后成为道家的经典。

shí sì hán
十四寒

hán duì shǔ shī duì gān lǔ yǐn duì qí
寒对暑，湿对干，鲁隐① 对齐
huán hán zhān duì nuǎn xí yè yǐn duì chén cān shū
桓②。寒毡对暖席，夜饮对晨餐。叔
zǐ dài zhòng yóu guān jiá rǔ duì hán dān jiā
子③ 带，仲由④ 冠，郏鄏⑤ 对邯郸。嘉
hé yōu xià hàn shuāi liǔ nài qiū hán yáng liǔ lǜ zhē
禾忧夏旱，衰柳耐秋寒。杨柳绿遮
yuán liàng zhái xìng huā hóng yìng zhòng ní tán jiāng
元亮⑥ 宅，杏花红映仲尼⑦ 坛。江
shuǐ liú cháng huán rào shì qīng luó dài hǎi chán lún
水流长，环绕似青罗带；海蟾⑧ 轮

mǎn chéng míng rú bái yù pán
满，澄明如白玉盘。

注释

①鲁隐：鲁隐公，春秋时鲁国国君。

②齐桓：齐桓公，春秋时齐国国君。

③叔子：晋人羊祜之字。

④仲由：字子路，孔子的学生。

⑤郏鄏：地名，周朝东都，故地在今河南省洛阳市。

⑥元亮：东晋诗人陶潜的字。

⑦仲尼：仲尼为孔子的字。

⑧海蟾：月亮的代称。

shí wǔ shān
十五删

xīng duì fèi fù duì pān lù cǎo duì shuāng
兴对废，附[1]对攀，露草对霜

jiān gē lián duì jiè kòu xí kǒng duì xī yán
菅[2]，歌廉对借寇，习孔[3]对希颜[4]。

shān lěi lěi shuǐ chán chán fèng bì duì tàn huán lǐ
山垒垒，水潺潺，奉璧对探镮，礼

yóu gōng dàn zuò shī běn zhòng ní shān lǘ kùn kè
由公旦[5]作，诗本仲尼删。驴困客

fāng jīng bà shuǐ jī míng rén yǐ chū hán guān jǐ yè
方经灞水，鸡鸣人已出函关。几夜

shuāng fēi yǐ yǒu cāng hóng cí běi sài shù zhāo wù
霜飞，已有苍鸿辞北塞[6]；数朝雾

àn qǐ wú xuán bào yǐn nán shān
暗，岂无玄豹隐南山。

注释

①附：依附。

②菅：一种茅草。

③习孔：学习孔子。

④希颜：希望能学成颜回那样。

⑤公旦：即周公旦，也称周公，名姬旦，周文王之子。

⑥北塞：北方偏远的地方。

国学小故事

王羲之写春联

相传，古代大书法家王羲之除夕写春联，每次贴在家门口，都被人揭下来拿走了。于是，他写出这样一副春联，上联是“福无双至”，下联是“祸不单行”。因为此语太不吉利，贴上以后再也没人揭了。第二天是大年初一，清晨，王羲之写出上下联的后三个字，叫家人贴出去，形成一副充满喜气的新对联：

福无双至今朝至
祸不单行昨夜行

众人见了无不称奇。

比目鱼

我国伟大的文学家鲁迅小时候在三味书屋读书，有一次，他的老师出了个三字对：独角兽。

学生们七嘴八

舌地对起来:双头蛇、三脚蟾、六耳猴、八脚虫、九头鸟、百足虫,真是五花八门,但老师都不满意。鲁迅一直不做声,在认真地动脑筋。他想啊想,终于想出来了。他回答道:"比目鱼。"

老师听了很高兴,称赞说:"好,对得好!'独'不是数词,但有'单'的意思,'比'也不是数词,却有'双'的意思。"

缺"一"少"十"

郑板桥在山东潍县当县令的时候,有一年春节,他看到一户人家门前贴着这样一副春联:二三四五,六七八九。横批:南北。

郑板桥读了两遍,皱了皱眉,扭头便走。过了一会儿,他拿着几件衣服,提着一块肉,肩上还扛着一袋粮食走了回来。

他敲开了这家的大门,只见一家老小穿着单薄的衣服缩在一张床上,桌上没有饭菜,更别说美味佳肴了。郑板桥看着心酸,对他们说:"过年了,这点东西留下来给你们用吧!"那家人认出了郑板桥,千恩万谢地给他磕头。

出了门,站在一旁的差役不解地问:"老爷,您又不是神仙,怎么知道他家没有衣服,没有粮食呢?"

原来这副春联上联缺了"一"字,下联少了"十"字,隐藏着一个四个字的成语:缺衣少食!这副春联的横批:南北,潜台词是"没有东西"。

薛涛对诗

唐朝有个著名的女诗人叫薛涛。据有关记载，她八九岁就喜欢声律，能作诗。有一天，她的父亲看着院子里井边的梧桐树吟出了一句诗："庭除一古桐，耸干入云中。"这时，薛涛正站在父亲身边，还没等父亲吟出下面的诗句，就应声答道："枝迎南北鸟，叶送往来风。"她敏捷的才思令父亲大吃一惊。因为，这真是一个非常精妙的句子啊，既承接了上文，又对仗工整，"枝"与"叶"、"迎"与"送"、"南北鸟"与"往来风"都一一相对，非常贴切。

知识链接

对联欣赏

读了《声律启蒙》，看了一些对联故事，我们再来欣赏一些描写自然风光的对联吧！

四面荷花三面柳，一城山色半城湖。

这是为山东济南大明湖写的对联。你看，到处都是荷花、垂柳，在这里能够观赏到湖光山色，多么美丽迷人！

白马秋风塞北，杏花春雨江南。

这副对联将塞北和江南的景物对照着描写，用语简练，鲜明生动。

泉从几时冷起，峰自何处飞来。

这是古人为杭州冷泉亭、飞来峰题写的对联，巧妙地利用"冷"和"飞"两个字来发问。据说，后来有人作答曰："泉从冷时冷起，峰自飞处飞来。"答得可谓幽默有趣。

春水船如天上坐，秋山人在画中行。

这是描写江南水乡美景的对联。水映蓝天，如同坐着船在天上游荡；秋山如画，人好像在图画中行走。

清风明月本无价，近水遥山皆有情。

这是苏州名园沧浪亭石柱上的一副对联，其中"本无价"与"皆有情"相对，描绘了沧浪亭美丽的景色，表达了人们的喜爱之情。

佛脚清泉，飘飘飘飘，飘下两条玉带。

源头活水，冒冒冒冒，冒出一串珍珠。

这是为济南趵突泉题写的一副对联，形象地刻画出天下第一泉趵突泉的神韵，让人如临其境。

活动拓展

对对子是我国古代语言训练的特殊方法。学生在学习对对子的同时可学习押韵。从单字对复字对再到多字对，随着难度的加大，对学生的语言修辞能力的考查也逐步提高。一般来说，好对子大致有三个条件：一是对仗要严谨，上下联的字数要相同，词性要对应；二是声律要和谐，平仄要协调；三是上下联意境要相关联。

1. 根据对对子的相关知识，判断下面的几句诗中哪句是对子，哪句不是对子。

(1) 人闲桂花落，夜静春山空。 (　　)

(2) 日出江花红胜火，春来江水绿如蓝。 (　　)

(3) 黄四娘家花满蹊，千朵万朵压枝低。 (　　)

(4) 两个黄鹂鸣翠柳，一行白鹭上青天。 (　　)

(5) 浮云游子意，落日故人情。 (　　)

2. 过年了，家家户户都要贴春联把你喜欢的春联抄下来，与同学交流，说说你为什么喜欢这些春联。

二、诗歌诵读

阅读提要

我国是一个诗歌的国度，我国的诗歌有花、有月、有真、有善、有美、有爱、有震撼心灵的力量，所以历代人们对此都极为重视。诗歌以其独有的抒情的方式，高度凝练的语句，集中地反映着社会生活。它拥有想象奇特、节奏强烈、韵律美妙、饱含感情等特点，大多数学生都极为喜爱它。“熟读唐诗三百首，不会作诗也会吟”，希望你能够熟读并背诵这些诗歌，这不仅能提高你的语言修辞能力，更能培养你优雅的气质和美好的情感。

惜时（xī shí）

无名氏（wú míng shì）

sān chūn huā shì hǎo　wéi xué xū jí zǎo
三春花事好，为学须及早。①
huā kāi yǒu luò shí　rén shēng róng yì lǎo
花开有落时，人生容易老。

注释

①三春：正月为孟春，二月为仲春，三月为季春，合称三春。泛指春天。

解析

春天花儿开得正鲜艳，如果要学习，必须趁年轻。再美丽的花也会有凋谢的时候，年轻的日子很容易就消失不在，应当珍惜时间勤奋学习。

这首诗告诫年轻人要珍惜当前美好的时光，努力学习。语言明白，浅显易懂，易于传诵。

qī bù shī

七步诗

cáo zhí

曹 植

zhǔ dòu rán dòu qí dòu zài fǔ zhōng qì

煮豆燃豆萁，豆在釜中泣。①

běn zì tóng gēn shēng xiāng jiān hé tài jí

本自同根生，相煎何太急？②

注释

①萁：豆类植物脱粒后剩下的茎。釜：锅。

②相煎：指互相残害。

解析

《七步诗》是三国时期魏国著名文人曹植的名篇。曹植是曹操的三儿子，从小就才华出众，很受父亲的疼爱。曹操死后，他的哥哥曹丕当上了魏王。曹丕担心留下曹植会对他的王位构成威胁，就找借口杀他。他要曹植在七步之内必须写一首诗，否则就杀掉他。于是，曹植就作了这首《七步诗》。

这首诗用同根而生的萁和豆来比喻同父共母的兄弟，用烧豆萁煮豆子来比喻同胞骨肉的相互残害，生动形象、深入浅出地表现了作者对兄弟相逼、骨肉相残的不满与悲愤。

这首诗以比兴的手法来比喻兄弟相残，语言浅显，寓意明畅，不用多加阐释，就能明白其中的道理。“本自同根生，相煎何太急”这句诗已成为人们劝诫兄弟不要自相残杀的普遍用语。

zèng fàn yè shī

赠范晔诗

lù kǎi

陆　凯

zhé huā féng yì shǐ　jì yǔ lǒng tóu rén

折花逢驿使，寄与陇头人。①

jiāng nán wú suǒ yǒu　liáo zèng yì zhī chūn

江南无所有，聊赠一枝春。

注释

①驿使：传递书信、文件的使者。陇头：陇山，在今陕西陇县西北。

解析

诗人在折梅花的时候恰好遇到信使，于是就将这枝梅花作为信件让信使带给远在陕西陇山的朋友范晔。诗人说："江南现在也没有什么可以相赠的，就送给你一枝报春的梅花吧。"

这首诗寥寥二十字，简朴中道出了真挚的友情，平淡中显出了高雅的意境。"一枝春"作为梅花的象征，向人们预示着美好的春天即将来临，读着这首诗，我们眼前仿佛出现了明媚春光，展现了春到江南时梅绽枝头的美好图景。这是迎春吐艳的美好祝愿，也是诗人与远方挚友同享春意的最好表达。

这首诗构思精巧，清晰自然，富有情趣。用字虽然简单，细细品之，春的生机及情意如现眼前。

sù jiàn dé jiāng

宿建德江①

mèng hào rán

孟浩然

yí zhōu bó yān zhǔ　rì mù kè chóu xīn

移舟泊烟渚，日暮客愁新。②

yě kuàng tiān dī shù　jiāng qīng yuè jìn rén

野旷天低树，江清月近人。③

注释

①建德江：指新安江流经建德县（今属浙江）境内的一段。

②烟渚：弥漫雾气的沙洲。客愁：离家在他乡的人的愁思。

③野旷：原野很广阔。天低树：远处的天空显得比树还低。近：亲近。

解析

诗人将小船停靠在江中雾气笼罩的小洲上，傍晚的景色使流落在外的诗人更加思念家乡。诗人抬头向远处眺望，原野广阔，远处的天空好像比近处的树木还低。诗人低头向江中凝望，江水十分清澈。明月与诗人相亲相伴，仿佛能理解诗人此时的情感。

这首诗描绘了诗人夜宿江上所见的景象。烟雾中的沙洲、高大的树木、辽阔的原野、清清的江水、停泊的小舟、美丽的月影一起构成了一幅色彩鲜明的图画。尤其是“野旷天低树，江清月近人”中渗透着诗人强烈的感情，为景中含情的名句。全诗淡而有味，含而不露，情韵悠然，颇有特色。

niǎo míng jiàn

鸟鸣涧①

wáng wéi

王 维

rén xián guì huā luò yè jìng chūn shān kōng

人闲桂花落，夜静春山空。②

yuè chū jīng shān niǎo shí míng chūn jiàn zhōng

月出惊山鸟，时鸣春涧中。③

注释

①涧：两山之间的小溪。

②闲：安静、悠闲，含有人声寂静的意思。

③时鸣：不时地啼叫。

解 析

春天的夜晚，山谷中寂静无声，清凉的泉水静静流淌，散发着幽香的桂花悄悄飘落，宁静的春夜里，山谷显得空空荡荡。这时，月亮从东边升起，月光惊动了树上栖息的小鸟，山涧里传出一阵阵清脆的鸟鸣。此时，整个山谷显得美丽而空灵。

这首诗侧重表现夜间春山的宁静幽美，但月出、鸟鸣都是动的，诗人用的是以动衬静的手法，收到了“鸟鸣山更幽”的艺术效果。

xiāng sī
相 思

wáng wéi
王 维

hóng dòu shēng nán guó chūn lái fā jǐ zhī
红豆生南国，春来发几枝？①

yuàn jūn duō cǎi xié cǐ wù zuì xiāng sī
愿君多采撷，此物最相思。②

注 释

①红豆：树名。又名相思子，结实红色，大如豆。南国：指我国南部。这里指广东一带。

②采撷：摘取。

解 析

红豆生长在南方，春天来了，不知又生了几根新枝？希望你多多地采摘，这红豆最能表达我的思念。

诗人借咏红豆来表达思念之情，希望友人不要忘了自己。这首诗一问一劝，尤觉情意绵绵，表达感情既明快，又委婉含蓄。后被人谱曲演唱，打动了无数的有情之人。

杂诗[1]

zá shī

王维

wáng wéi

jūn zì gù xiāng lái yīng zhī gù xiāng shì
君自故乡来，应知故乡事。
lái rì qǐ chuāng qián hán méi zhuó huā wèi
来日绮窗前，寒梅着花未？[2]

注释

①杂诗：写随时产生的零星感想和琐事，不定题目的诗。

②来日：来的那一天。

解析

诗中的抒情主人公久在异乡，忽然遇到来自故乡的朋友，于是激起了强烈的思乡之情。诗人赶紧问朋友：“你刚刚从故乡来，一定知道关于故乡的事。你来时看看我绮窗前的那棵寒梅，有多少花开在树枝上？”诗人想知道故乡的所有事情，但只问了花窗前那枝梅花开了没有。诗人用梅花作为繁多家事的借代，不但更加生活化，而且也诗化了最普通的家务事，同时又体现了诗人独钟梅花那种清高超脱的品性。

这首诗抒发了怀念故乡之情，语言质朴，构思巧妙，诗味浓郁。

竹里馆

zhú lǐ guǎn

王维

wáng wéi

dú zuò yōu huáng lǐ tán qín fù cháng xiào
独坐幽篁里，弹琴复长啸。[1]
shēn lín rén bù zhī míng yuè lái xiāng zhào
深林人不知，明月来相照。

注释

①幽篁:幽深的竹林。长啸:撮口发出长而清脆的声音。

解析

我独自坐在幽深的竹林里,弹完琴后又放声长啸。我独居在深林之中不为人知,只有明月静静地把我照耀。

这首诗描绘诗人独坐月下弹琴长啸的画面。诗人好像找到了一块自由的天地,悠然自得,完全脱离了俗尘,视明月为知己,充满了诗情画意。全诗语言自然平淡,意境优美,将清幽的环境与恬静自然的情怀和谐地融为一体。

dú zuò jìng tíng shān

独坐敬亭山[①]

lǐ bái

李 白

zhòng niǎo gāo fēi jìn gū yún dú qù xián

众鸟高飞尽,孤云独去闲。[②]

xiāng kàn liǎng bú yàn zhǐ yǒu jìng tíng shān

相看两不厌,只有敬亭山。[③]

注释

①敬亭山:又名昭亭山,在今安徽宣城市北。

②尽:没有了。独去闲:独去,独自去。闲,形容云彩飘来飘去,悠闲自在的样子。

③两不厌:指自己与敬亭山相互对视,怎么看也看不够。厌,满足。

解析

天上几只鸟儿高飞远去,直至无影无踪;天上飘浮的一片白云慢慢向远处飘去。我看着高高的敬亭山,敬亭山也默默地注视着我。谁能理解我此时寂寞的心情？只有这高大的敬亭山了。

诗的第一、二句的“尽”“闲”两个字，把读者引入一个“静”的境界；三、四两句“相看两不厌，只有敬亭山”，将敬亭山人格化、个性化。诗人与敬亭山相对而视，脉脉含情，但默默无语，诗人孤独寂寞的处境在这静谧的场景中自然地显露出来了。

作者以奇特的想象力和巧妙的构思，赋予山水景物以生命，将敬亭山拟人化，写得十分生动。

yè sù shān sì

夜宿山寺

lǐ bái

李 白

wēi lóu gāo bǎi chǐ shǒu kě zhāi xīng chén

危楼高百尺，手可摘星辰。①

bù gǎn gāo shēng yǔ kǒng jīng tiān shàng rén

不敢高声语，恐惊天上人。

注释

①危楼：高楼，这里指山顶的寺庙。百尺：不是实数，这里形容楼很高。

解析

诗人夜宿深山里面的一个寺庙，发现寺院后面有一座很高的藏经楼，于是他登了上去。凭栏远眺，他这才发现，这个藏经楼有一百多尺高，人在楼上似乎一伸手就可以摘下天上的星星。在这个差不多与天一样高的楼上，诗人不敢大声说话，生怕一说话就惊动了天上的神仙。

诗人用极其夸张的手法来烘托山寺之高，将读者的视线引向星汉灿烂的夜空，给人以丰富的联想。

qiū pǔ gē
秋浦歌

lǐ bái
李 白

bái fà sān qiān zhàng yuán chóu sì gè cháng
白发三千丈，缘愁似个长。[1]
bù zhī míng jìng lǐ hé chù dé qiū shuāng
不知明镜里，何处得秋霜！[2]

注释

①缘：因为。个：这样。

②秋霜：比喻白发。

解析

我照着明亮的镜子，不知道我的头上何时有了如同秋霜一样的白发。我的头上有着三千丈长的白发，是因为我的忧愁也是这样长。

全诗采取倒装的语句，用夸张的手法，表现了诗人的悲愤之情，有着强烈的艺术感染力。

jiāng pàn dú bù xún huā qí liù
江畔独步寻花（其六）[1]

dù fǔ
杜 甫

huáng sì niáng jiā huā mǎn xī qiān duǒ wàn duǒ yā zhī dī
黄四娘家花满蹊，千朵万朵压枝低。[2]
liú lián xì dié shí shí wǔ zì zài jiāo yīng qià qià tí
留连戏蝶时时舞，自在娇莺恰恰啼。[3]

注释

①江畔：指成都锦江之滨。独步寻花：独自一人一边散步，一边欣赏鲜

花。

②黄四娘:杜甫住成都草堂时的邻居。蹊:小路。

③留连:同“流连”,即留恋,舍不得离去。自在:自由自在,无拘无束地。娇:可爱的。恰恰:形容鸟叫声音和谐动听。

解析

这是一首别具情趣的写景小诗。诗人到江边一边散步,一边欣赏路上的美景。他看到黄四娘家周围的小路上开满了鲜花,美丽的蝴蝶在花丛中翩翩起舞,自由自在的小黄莺欢快地鸣叫着,声音和谐动听,美妙无比。

全诗语言充满了口语化,读起来令人感到非常亲切,而“时时”“恰恰”这些极富韵律的字眼,使得全幅明丽纷繁的画面充满了动感,也使得诗歌有着更明快、更流利的节奏,诗人在春天所感受到的快乐跃然纸上。

zèng huā qīng

赠花卿①

dù fǔ

杜 甫

jǐn chéng sī guǎn rì fēn fēn bàn rù jiāng fēng bàn rù yún

锦城丝管日纷纷,半入江风半入云。②

cǐ qǔ zhǐ yīng tiān shàng yǒu rén jiān néng dé jǐ huí wén

此曲只应天上有,人间能得几回闻。③

注释

①花卿:成都尹崔光远的部将花敬定。

②锦城:即锦官城,此指成都。丝管:弦乐器和管乐器,这里泛指音乐。

③几回闻:听到几回。意思是说人间很少听到。

解析

锦官城里的音乐声轻柔悠扬,一半随着江风飘去,一半飘入了云端。这样的乐曲只应该在天上的仙境才有，人间能听见几回呢？

杜甫在成都的花敬定（花卿）家里听到了悠扬动听的乐曲，十分感叹，即兴写下了这首诗，称赞这里的乐曲是人间难得一闻的天上仙乐。

全诗四句，前两句对乐曲进行具体形象的描绘，是实写；后两句以天上的仙乐相夸，是遐想。因实而虚，虚实相生，将乐曲的美妙赞誉到了极致。

féng xuě sù fú róng shān zhǔ rén

逢雪宿芙蓉山主人①

liú cháng qīng

刘长卿

rì mù cāng shān yuǎn tiān hán bái wū pín

日暮苍山远，天寒白屋贫。②

chái mén wén quǎn fèi fēng xuě yè guī rén

柴门闻犬吠，风雪夜归人。③

注释

①芙蓉山：地名。在今江苏常州

②白屋：贫家的住所。

③吠：狗叫。

解析

暮色降临，山色苍茫，天气寒冷，诗人投宿在芙蓉山贫困农家的茅草屋里，突然听到柴门外传来一阵狗叫声，原来是芙蓉山主人顶着风雪连夜回来了。

这首诗的前两句，写诗人投宿山村时的所见所感。后两句写诗人投宿主人家后的所听和所想。每句诗都构成一个独立的画面，而又彼此相连。用极其凝练的诗笔，描画出一幅以旅客暮夜投宿，山家风雪人归为素材的寒山夜宿图。诗中有画，画外见情。

秋词

qiū cí

刘禹锡

liú yǔ xī

zì gǔ féng qiū bēi jì liáo wǒ yán qiū rì shèng chūn cháo
自古逢秋悲寂寥，我言秋日胜春朝。①
qíng kōng yí hè pái yún shàng biàn yǐn shī qíng dào bì xiāo
晴空一鹤排云上，便引诗情到碧霄。②

注释

①自古：从古以来，泛指从前。悲寂寥：悲叹萧条空寂。春朝：本指春天的早上，这里泛指春天。

②排云：推开白云。排，推开，有冲破的意思。碧霄：青天。

解析

自古以来，人们每逢秋天就会悲叹寂寞凄凉，我却说秋天的景色要胜过春天。你看，秋高气爽的天空中，一只仙鹤直冲云霄，把我的诗兴也带到了碧蓝的天空上。

我国古代文学中，常将“秋”与“愁”等同起来，这首写秋的诗却爽朗明快，通过歌颂秋天的壮美，一反历来他人悲秋的情调，以奔放的热情、生动的画面，抒发了诗人豪迈乐观的情怀。

乌衣巷

wū yī xiàng

刘禹锡

liú yǔ xī

zhū què qiáo biān yě cǎo huā wū yī xiàng kǒu xī yáng xié
朱雀桥边野草花，乌衣巷口夕阳斜。①
jiù shí wáng xiè táng qián yàn fēi rù xún cháng bǎi xìng jiā
旧时王谢堂前燕，飞入寻常百姓家。②

注 释

①朱雀桥:东晋时在秦淮河上修的浮桥,在金陵城外,乌衣巷口。

②旧时:晋代。王谢:指王导、谢安两家。

解 析

诗人漫步在朱雀桥边、乌衣巷口,想找寻过去的繁华,可是,只看见这里野草丛生,夕阳残照。昔日王导、谢安等大贵族的华丽厅堂早已破败不堪,曾在这里筑巢的小燕子只好飞到寻常老百姓家里去了。

这是一首怀古诗。诗中没有一句议论,而是通过野草、夕阳的景物描写,以燕子作为盛衰兴亡的见证,巧妙地把历史和现实联系起来。无限感慨藏而不露,全寄寓在景物描写之中,语言浅显,却有含蓄之美,使人读来回味无穷。

wèn liú shí jiǔ

问刘十九[①]

bái jū yì

白居易

lǜ yǐ xīn pēi jiǔ hóng ní xiǎo huǒ lú

绿蚁新醅酒,红泥小火炉。[②]

wǎn lái tiān yù xuě néng yǐn yì bēi wú

晚来天欲雪,能饮一杯无?[③]

注 释

①刘十九:白居易贬江州期间结识的一位友人。十九是他的排行。

②绿蚁:米酒。新酿的酒未经过滤,面上浮有米渣,略呈绿色。醅:没有过滤的酒。

③雪:下雪,这里作动词用。无:犹“否”。

解 析

我家新酿的米酒还浮着绿色的米渣,色绿香浓;炭火在红泥小火炉中放着红光，暖和温馨。傍晚时天色昏黄，就要下雪了，朋友啊，为驱除寒意你愿同我共饮一杯吗？

这是一首在天寒地冻时请朋友来饮酒的小诗。诗人精心选择和巧妙安排了三个意象：新酒、火炉、暮雪。寒冬腊月，暮色苍茫，风雪就要来临，家酒新热、炉火已生，只待朋友早点到来，三个意象连缀起来，构成了一幅有声有色、有形有态、有情有意的图画，流溢出友情的融融暖意和人性的阵阵芳香。诗歌的前三句描写铺陈，只为引出末一句热情邀请，有水到渠成、顺理成章之妙。

dà lín sì táo huā

大林寺桃花①

bái jū yì

白居易

rén jiān sì yuè fāng fēi jìn shān sì táo huā shǐ shèng kāi

人间四月芳菲尽，山寺桃花始盛开。②

cháng hèn chūn guī wú mì chù bù zhī zhuǎn rù cǐ zhōng lái

长恨春归无觅处，不知转入此中来。③

注释

①大林寺：在庐山大林峰，为我国佛教胜地之一。

②芳菲：盛开的花。尽：指花都凋谢了。

③长恨：常常惋惜。觅：寻找。不知：岂料、想不到。此中：这深山的寺庙里。

解析

四月正是花朵凋谢的时候，本以为春天就这样结束了，没有想到在这庐山深处的大林寺，却看见了刚刚盛开的桃花。诗人常常为春天的离去而遗憾，没想到它却跑到大林寺里来了，这给了诗人一个意想不到的惊喜。

这首诗用桃花代替春光，把春光写得具体可感、形象美丽，又把春天拟人化，把春光写得像小孩子跟人捉迷藏一样，偷偷地藏到深山里了。自然界的春光被诗人描写得生动具体、天真可爱、活灵活现。如果没有对春的无限热爱,没有一片童心,诗人是写不出这样立意新颖又富有情趣的诗句的。

yè xuě
夜 雪

bái jū yì
白居易

yǐ yà qīn zhěn lěng, fù jiàn chuāng hù míng
已讶衾枕冷,复见窗户明。①

yè shēn zhī xuě zhòng, shí wén zhé zhú shēng
夜深知雪重,时闻折竹声。②

注释

①讶:惊讶,奇怪。衾:被子。

②重:大。

解析

半夜里忽然冻醒,惊讶地发现被子、枕头都变得冰凉;抬头一看,黑夜里的窗户被映照得十分明亮。啊!原来在这夜深人静的时候,外面悄悄地下了一场很大的雪,不时还能听到竹子被积雪压断的声音。

全诗短短二十字,无一字一句直接描写下雪,却句句紧扣诗题,依次从触觉(冷)、视觉(明)、感觉(知)、听觉(闻)四个侧面衬托出夜间下雪的情景,让人浮想联翩,有无穷的意味。

jú huā
菊 花

yuán zhěn
元 稹

qiū cóng rào shè sì táo jiā, biàn rào lí biān rì jiàn xié
秋丛绕舍似陶家,遍绕篱边日渐斜。①

bú shì huā zhōng piān ài jú cǐ huā kāi jìn gèng wú huā
不是花中偏爱菊，此花开尽更无花。

注释

①陶家：东晋陶渊明家。

解析

开得正旺的菊花一簇簇、一丛丛，环绕着屋舍，看起来就像是喜欢菊花的陶渊明的家。诗人绕着竹篱忘情地欣赏这些亲手栽种的秋菊，流连忘返，不知不觉太阳快落山了。不是因为在百花中诗人最偏爱菊花，而是因为菊花开过之后，严寒来临，就再也看不到更好的花了。

菊花不像牡丹那样富丽，也没有兰花那样名贵，但作为傲霜之花，它一直受人偏爱。有人赞美它坚强的品格，有人欣赏它高洁的气质，而元稹的这首咏菊诗，则别出新载地道出了他爱菊的原因。

tí dū chéng nán zhuāng
题都城南庄①

cuī hù
崔护

qù nián jīn rì cǐ mén zhōng rén miàn táo huā xiāng yìng hóng
去年今日此门中，人面桃花相映红。②

rén miàn bù zhī hé chù qù táo huā yī jiù xiào chūn fēng
人面不知何处去，桃花依旧笑春风。③

注释

①都：唐时的京城长安。

②人面：一个姑娘的脸。第三句中“人面”指代姑娘。

③笑：形容桃花盛开的样子。

解析

去年的今天，就在这长安南庄的一户人家门口，诗人看见一个姑娘的美丽脸庞和盛开的桃花互相映衬，显得分外绯红。时隔一年之后的今天，诗人故地重游，却找不到那含羞的面容，只有满树桃花依然与去年一样，盛开在这和煦春风中。

这首诗用“人面”、“桃花”作为线索，把“去年”和“今日”进行映照对比，得出虽同时同地同景但人不同的结论。“去年”的回忆特别珍贵、美好，充满感情，“今年”的“我”才感到失去美好事物的怅惘，因而有“人面不知何处去，桃花依旧笑春风”的感慨。全诗自然天成，犹如从心底一涌而出的清泉，清澈醇美，令人回味无穷。

sài xià qǔ zhī èr

塞下曲（之二）[①]

lú lún

卢纶

lín àn cǎo jīng fēng jiāng jūn yè yǐn gōng
林暗草惊风，将军夜引弓。[②]
píng míng xún bái yǔ mò zài shí léng zhōng
平明寻白羽，没在石棱中。[③]

注释

①塞下曲：古代歌曲名。这类作品多是描写边境风光和战争生活的。

②惊风：突然被风吹动。引弓：拉弓发箭。

③平明：清早。白羽：箭尾上的白色羽毛，这里指箭。石棱：有棱角的石头。

解析

夜晚，昏暗的山林里突然狂风大作，草丛被惊得刷拉拉起伏抖动，正从林边驰马而过的将军似乎看见有一头老虎向他扑来,他眼疾手快,拉满弓一箭射出。第二天清晨,将军记起昨晚林间的事,顺原路来到现场,他不禁大吃一惊:明亮的晨光中,分明看见被他射中的原来不是老虎,而是一座巨石。那枝白羽箭竟深深钻进石棱里去了!

这一首写将军夜出行猎或夜出巡边的诗,以李广射虎的典故描绘将军的勇武。前句写“将军夜引弓”为后两句“平明寻白羽”留下悬念,后两句不写是否射中目标,而写引弓的力度,显示出将军的神勇。

qiū xī
秋 夕①

dù mù
杜 牧

yín zhú qiū guāng lěng huà píng qīng luó xiǎo shàn pū liú yíng
银烛秋光冷画屏,轻罗小扇扑流萤。②

tiān jiē yè sè liáng rú shuǐ wò kàn qiān niú zhī nǚ xīng
天街夜色凉如水,卧看牵牛织女星。③

注释

①秋夕:指农历七月七日晚上。

②银烛:银色而精美的蜡烛。画屏:绘有图的屏风。流萤:飞动的萤火虫。轻罗小扇:轻薄的丝绸缝制的小团扇。

③牵牛织女:天文学上的两个星座名,古代神话故事中牵牛织女是一对夫妻。

解析

秋夜里银烛照着清冷的画屏,一位宫女挥着轻巧的团扇扑捉飞动的萤火虫。夜色清凉如水,诗人回到房中,久卧难以入眠,只能仰望星空,遥看牛郎星和织女星。

这首诗借景抒情,寓情于景,反映了宫女孤独凄凉的生活,以及她们对幸福生活的向往。

chéng dōng zǎo chūn
城东早春①

yáng jù yuán
杨巨源

shī jiā qīng jǐng zài xīn chūn lǜ liǔ cái huáng bàn wèi yún
诗家清景在新春，绿柳才黄半未匀。②
ruò dài shàng lín huā sì jǐn chū mén jù shì kàn huā rén
若待上林花似锦，出门俱是看花人。③

注释

①城：指唐代京城长安。

②清景：美景。

③上林：上林苑，这里代指京城。俱：全、都。

解析

新春是诗人描写美景的最佳时节，绿柳刚刚萌发出嫩黄的新芽，清新可人。若是等到长安城各处繁花似锦，出门一看，到处都是踏青游春的赏花人，那不是太迟了吗？

整首诗构思巧妙，虽然只有第二句实写春色，描写春色又只写柳芽初生，但却概括了早春的全景。后半段通过想象百花盛开时游人如织的盛况，反衬出早春的独特景色与诗人的独具慧眼。

dēng xián yáng xiàn lóu wàng yǔ
登咸阳县楼望雨

wéi zhuāng
韦庄

luàn yún rú shòu chū shān qián xì yǔ hé fēng mǎn wèi chuān
乱云如兽出山前，细雨和风满渭川。

jìn rì kōng méng wú suǒ jiàn yàn háng xié qù zì lián lián
尽日空濛无所见，雁行斜去字联联。①

注释

①尽日：整日。空濛：迷茫、广阔而看不清的样子。

解析

秋天的某一天，诗人登上咸阳县楼，看到一片乱云如怪兽般出现在山前，好像一场凶猛的大雨即将到来，可是最终却只是刮来柔和的风，下起蒙蒙的雨，笼罩在渭河水面，滋润着关中的大片土地。诗人抬头望去，眼前是白茫茫的一片，只看见一群大雁排成整齐的“人”字形向南方飞去。

这首诗的后两句以“空濛无所见”衬托雨中只有南飞的大雁，而空中的雁行又反衬出秋雨中天地的空濛，构绘了一幅迷茫冷落的秋雨飞雁图。

tí jú huā
题菊花

huáng cháo
黄 巢

sà sà xī fēng mǎn yuàn zāi ruǐ hán xiāng lěng dié nán lái
飒飒西风满院栽，蕊寒香冷蝶难来。①
tā nián wǒ ruò wéi qīng dì bào yǔ táo huā yí chù kāi
他年我若为青帝，报与桃花一处开。②

注释

①飒飒：形容风吹过的声音。

②青帝：掌管春天的神。

解析

满院菊花在飒飒秋风中开放，花蕊似乎带着寒意，只能散发出幽冷细微的芳香，不像在风和日丽的春天开放的百花能引来蝴蝶，风霜中的菊花没有蝴蝶相伴，显得那么冷清，这是多么不公平啊！诗人豪迈地写道：如果将来我成为掌管春天的神仙，一定让菊花与桃花一起在春天开放，与百花争奇斗艳，共享春光。

黄巢是唐朝末年农民起义的领袖，他吟咏的菊花是当时处于社会底层人民的化身。他既赞赏菊花迎风霜而开放的顽强生命力，又深深为它所处的环境、所遭遇的命运而愤愤不平，于是立志要彻底加以改变，让菊花也享受到“春天的温暖”。

全诗出语豪壮，惊天动地，气壮山河。同时运用比兴手法，使全诗豪壮而不失含蕴，有较高的艺术价值。

chūn qíng
春 晴

wáng jià
王 驾

yǔ qián chū jiàn huā jiān ruǐ yǔ hòu quán wú yè dǐ huā
雨前初见花间蕊，雨后全无叶底花。①
fēng dié fēn fēn guò qiáng qù què yí chūn sè zài lín jiā
蜂蝶纷纷过墙去，却疑春色在邻家。②

注释

①初见：刚看见。蕊：花心。

②疑：怀疑。

解析

下雨之前，诗人看见自家花园里的鲜花已吐出花蕊，即将开放；雨后天晴，却看见连藏在叶底的花也被打得凋谢了。这时，一群群的蜜蜂、蝴蝶纷纷飞离自家花园，飞过了墙头，好像是到邻居家去了。这让诗人不由得心生怀疑：难道邻居家还保持着香花盛开的春色？

这首即兴小诗，写诗人雨后漫步小园所见的残春之景，语言自然质朴，明白如话，但写得饶有趣味。诗人明明知道花落春残，邻居家也不会例外，但毕竟被高墙遮住了视线,不能十分肯定,故诗人只说“疑”,“疑”字极有分寸,增加了真实感。诗的后两句,不仅把蜜蜂、蝴蝶追逐春色的神态写得活灵活现,更把“春色”写活了,似乎“阳春”真的“有脚”,她不住自家小园,偏偏跑到邻家,是多么调皮啊! 这就把春天的美好和诗人惜春的心情真实而生动地表现了出来。

zǎo méi
早 梅

zhāng wèi
张 谓

yí shù hán méi bái yù tiáo jiǒng lín cūn lù bàng xī qiáo
一树寒梅白玉条,迥临村路傍溪桥。①
bù zhī jìn shuǐ huā xiān fā yí shì jīng dōng xuě wèi xiāo
不知近水花先发,疑是经冬雪未销。②

注释

①迥:远。傍:靠近。

②发:开放。销:通“消”,融化。这里指冰雪融化。

解析

有一树梅花凌寒早开,枝条洁白如玉。它远离人来车往的村路,临近溪水桥边。人们不知靠近溪水的寒梅会提早开放,还以为那是经冬而未消融的白雪。

自古诗人以梅花入诗者不乏佳篇,有人咏梅的风姿,有人颂梅的神韵;这首咏梅诗,则侧重写一个“早”字。一个“不知”加上一个“疑是”,写出了似雪非雪的迷离之境。最后诗人定睛望去,才发现原来这是一树近水先发的寒梅。诗人的疑惑排除了,早梅之“早”也点明了。

jiāng shàng yú zhě
江 上 渔 者[①]

fàn zhòng yān
范 仲 淹

jiāng shàng wǎng lái rén dàn ài lú yú měi
江 上 往 来 人，但 爱 鲈 鱼 美。[②]
jūn kàn yí yè zhōu chū mò fēng bō lǐ
君 看 一 叶 舟，出 没 风 波 里。[③]

注释

①渔者：捕鱼的人。

②但：只。爱：喜欢。鲈鱼：一种头大口大、体扁鳞细、背青腹白、味道鲜美的鱼。

③一叶舟：漂浮在水上像一片树叶似的小船。出没：若隐若现。指一会儿看得见，一会儿看不见。

④风波：波浪。

解析

江上来来往往无数人，只知喜爱鲈鱼的鲜美。但你知不知道，这些美味的鲈鱼是怎么捕来的？请你看一看那如同一片树叶的小渔船，时隐时现在惊涛骇浪之中，随时都会有翻船的危险。

这首诗语言朴实，形象生动，对比强烈，耐人寻味，表达了诗人对渔民艰险工作的同情，唤起人们对民生疾苦的注意。

huái zhōng wǎn bó dú tóu
淮中晚泊犊头[1]

sū shùn qīn
苏舜钦

chūn yīn chuí yě cǎo qīng qīng shí yǒu yōu huā yí shù míng
春阴垂野草青青，时有幽花一树明。[2]
wǎn bó gū zhōu gǔ cí xià mǎn chuān fēng yǔ kàn cháo shēng
晚泊孤舟古祠下，满川风雨看潮生。[3]

注释

①淮：淮河。犊头：淮河边的一个地名。

②春阴：春天的阴云。垂野：春天的阴云笼罩原野。幽花：幽静偏暗之处生长的花。

③古祠：古旧的祠堂。满川：满河。潮生：潮水涨起来了。

解析

航行在淮河中的小船上有一位诗人，他远眺两岸，看见春天的阴云低垂在草色青青的原野上，十分阴沉、单调、乏味。不过，幸好岸边幽静的地方不时会有一树野花闪现出来，鲜艳耀眼，使诗人眼前豁然一亮。天黑了，要下雨了，诗人要赶到前方的码头是不可能了。于是，诗人将船靠岸，在一座古庙下抛锚过夜。果然，这一夜淮河风雨交加，而诗人稳坐在古庙之中，悠闲地欣赏着淮河潮起潮落的景象。

这首诗动中观静，静中观动，艺术构思巧妙，显示了诗人悠闲、从容、超然物外的心境和风度。

méi huā
梅花

wáng ān shí
王安石

qiáng jiǎo shù zhī méi líng hán dú zì kāi
墙角数枝梅，凌寒独自开。[1]

yáo zhī bú shì xuě wéi yǒu àn xiāng lái
遥知不是雪，为有暗香来。[②]

注释

①凌寒：冒着严寒。

②遥：远远的。暗香：指梅花的幽香。

解析

墙角有几枝梅花，正在严寒中独自开放。为什么远远看着就知道那洁白的梅花不是白雪呢？那是因为梅花传来了阵阵的香气。

这首小诗语句朴素自然，但意味深远。你看诗人写的梅花，洁白如雪，长在墙角但毫不自卑，散发着令人陶醉的清香。诗人通过对梅花不畏严寒的品性的赞赏，用雪比喻梅花的高洁，又用“暗香”点明梅胜于雪，表现出高洁的人具有独特的魅力。

è zhōu nán lóu shū shì sì shǒu qí yī
鄂州南楼书事四首（其一）[①]

huáng tíng jiān
黄庭坚

sì gù shān guāng jiē shuǐ guāng píng lán shí lǐ jì hé xiāng
四顾山光接水光，凭栏十里芰荷香。[②]
qīng fēng míng yuè wú rén guǎn bìng zuò nán lóu yí wèi liáng
清风明月无人管，并作南楼一味凉。[③]

注释

①鄂州：在今湖北省武汉、黄石一带。

②四顾：向四周望去。芰荷：荷叶或荷花。

③一味凉：一片凉意。

解析

诗人站在鄂州的南楼上向四周远眺，只见山色和水色连接在一起，美丽壮观。诗人靠着栏杆，闻到从辽阔的水面上飘来的荷花的清香，十分陶醉。在这个夏夜，清风明月没有人看管，月光融入清风从南面吹来，使人感到一片凉爽和惬意。

在这首诗里，山光、水光、月光是眼睛的视觉所感受到的；荷花的香气是鼻子的嗅觉所感受到的；清风、夜凉是皮肤的触觉以及耳朵的听觉所感受到的，而“一味凉”的“味”字，还隐含着口舌的味觉在起作用，好像在那里细细地、美美地品尝一般。总之，我们的眼睛、鼻子、耳朵、口舌、皮肤等器官的种种功能，统统被调动起来，共同参与对这南楼夜景的感觉、领略、体验。此景此情，令人如临其境，似乎全身都沉浸在这种意境之中。

huā yǐng

花影

sū shì

苏轼

chóng chóng dié dié shàng yáo tái jǐ dù hū tóng sǎo bù kāi

重重迭迭上瑶台，几度呼童扫不开。①

gāng bèi tài yáng shōu shí qù què jiào míng yuè sòng jiāng lái

刚被太阳收拾去，却教明月送将来。②

注释

①重重迭迭：形容地上的花影一层又一层，很浓厚。瑶台：华贵的亭台。

②收拾去：指日落时花影消失，好像被太阳收拾走了。送将来：指花影重新在月光下出现，好像是月亮送来的。将，语气助词，用于动词之后。

解析

一层又一层的花影映在亭台上，诗人几次叫童儿去打扫，可是花影怎么扫得走呢？傍晚太阳下山时，花影终于消失了，好像是被太阳给收拾走了，可是月亮一出来，却又将重重叠叠的花影给送了回来。

这是一首饶有趣味的小诗。花影本是静态的，诗人抓住了光与影的相互关系，着力表现了花影动与静，去与来的变化，从而使诗作具有了起伏跌宕的动态美。全诗构思巧妙含蓄，比喻新颖贴切，语言也通俗易懂。

hǎi táng
海 棠

sū shì
苏 轼

dōng fēng niǎo niǎo fàn chóng guāng xiāng wù kōng méng yuè zhuǎn láng
东风袅袅泛崇光，香雾空濛月转廊。①
zhǐ kǒng yè shēn huā shuì qù gù shāo gāo zhú zhào hóng zhuāng
只恐夜深花睡去，故烧高烛照红妆。

注 释

①袅袅：风轻轻吹来。崇光：指高贵华美的光泽。

解 析

在淡淡的月光下，东风微微地吹拂着，海棠花透出高洁美丽的光泽，散发出令人陶醉的阵阵幽香，使人有空濛迷茫之感。这时，月亮在不经意中已转过曲折的走廊，照不到海棠花了。诗人只怕花儿在深夜也会睡去，自己更加寂寞，所以燃起明亮的烛火，观赏着那一簇簇红艳艳的海棠。

这首诗生动地刻画了月下海棠美丽的光泽、令人陶醉的幽香和娇艳妩媚的神态，细致入微地表现了诗人对海棠花怜惜眷爱的殷切情意。

sù gān lù sì

宿甘露寺[1]

zēng gōng liàng

曾公亮

zhěn zhōng yún qì qiān fēng jìn chuáng dǐ sōng shēng wàn hè āi

枕中云气千峰近，床底松声万壑哀。[2]

yào kàn yín shān pāi tiān làng kāi chuāng fàng rù dà jiāng lái

要看银山拍天浪，开窗放入大江来。[3]

注释

①甘露寺：寺名，在江苏镇江北固山上。

②松声万壑：形容长江的波涛声像万壑松声一样。壑，山沟。

③银山：比喻江中巨浪。

解析

云雾弥漫在枕边，山峰环绕在近旁。诗人躺在床上倾听松涛阵阵，无数山谷像在呼啸哀歌。如果想看江中的冲天巨浪，只要打开窗子，那汹涌奔腾的江水就仿佛向你扑来。

这首诗的最后一句提振全诗，豪迈而奔放，是传神之笔。把长江的洪波巨浪写得十分壮美，撼人心魄，这在古今诗词中并不多见。

chūn yóu hú

春游湖

xú fǔ

徐俯

shuāng fēi yàn zǐ jǐ shí huí jiá àn táo huā zhàn shuǐ kāi

双飞燕子几时回？夹岸桃花蘸水开。[1]

chūn yǔ duàn qiáo rén bú dù xiǎo zhōu chēng chū liǔ yīn lái

春雨断桥人不渡，小舟撑出柳阴来。[2]

注释

①夹岸：两岸。蘸水：碰到了湖水。

②断桥：把桥面淹没了。

解析

诗人野外踏青，看到了燕子，不禁惊喜地问道："双飞的燕子啊，你们是什么时候飞回来的？"诗人产生了春天到来的喜悦，再放开眼界一看，岸边绽放的桃花紧贴着湖面，桃花倒影映在水中，波光荡漾，岸上水中的花枝连成一片，仿佛蘸水而开，这景色美极了！诗人正要到对岸进一步欣赏春天的美景，却发现由于春雨之后水势上涨，把石桥都给淹没了。诗人正在沮丧的时候，突然从柳荫深处悠悠撑出一只小船来。于是诗人就可以租船摆渡，继续游赏了。经过断桥的阻碍，这次春游更富有情趣了。

在这首诗中，诗人见到回归的燕子是惊喜的，见到蘸水而开的桃花是惊喜的，而原本过不去的断桥，却因突然出现的小船更是使诗人惊喜不已。多处的惊喜表达了诗人对大自然的无比热爱之情。

héng xī táng chūn xiǎo
横溪堂春晓[1]

yú sì liáng
虞似良

yì bǎ qīng yāng chèn shǒu qīng qīng yān mò mò yǔ míng míng
一把青秧趁手青，轻烟漠漠雨冥冥。[2]
dōng fēng rǎn jìn sān qiān qǐng bái lù fēi lái wú chù tíng
东风染尽三千顷，白鹭飞来无处停。[3]

注释

①横溪堂：作者居住之处，旧址在今浙江省天台山附近。

②青秧：绿色的秧苗。趁手：顺手、就手。趁，随即。轻烟：淡淡的烟雾。

漠漠:烟雾迷漫的样子。冥冥:形容天气昏暗的样子。

③染尽:这里形容春风把田里的稻苗全部吹绿,好像用绿色染过似的。

解析

将一把绿色的秧苗插入水中,那秧苗瞬间就变青了,就好似农夫的手将它染绿了。天空中,轻淡淡的烟雾迷迷漫漫,毛毛细雨飘飘洒洒。和煦的春风,吹绿了无边无际的稻田。白鹭飞来,竟找不到落脚的点。

整首诗呈现在我们面前的是一幅人和自然和谐交融的春之画卷。诗歌画面鲜明,语言优美,情趣盎然,富有韵味。

sù xīn shì xú gōng diàn

宿新市徐公店[①]

yáng wàn lǐ

杨万里

lí luò shū shū yí jìng shēn shù tóu huā luò wèi chéng yīn

篱落疏疏一径深,树头花落未成阴。[②]

ér tóng jí zǒu zhuī huáng dié fēi rù cài huā wú chù xún

儿童急走追黄蝶,飞入菜花无处寻。[③]

注释

①新市:地名。徐公店:徐家客店。

②篱落:篱笆。疏疏:稀稀疏疏。径:小路。树头:树枝头上。阴:树叶茂盛浓密。

③急走:奔跑。黄蝶:美丽的黄色蝴蝶。

解析

在新市郊外的徐公店里,诗人透过稀疏的篱墙,看到一条小路伸向远方;路旁树上的花已经凋落了,而新叶刚刚长出,还没有形成浓荫。油菜花正在盛开,满地金黄,一片欣欣向荣的阳春景象。忽然,有个孩子从小路上追着一只蝴蝶急匆匆地跑来，转眼间，蝴蝶飞进了菜花丛里。孩子找啊，找啊，在一片黄菜花中，怎么也弄不清蝴蝶藏在哪里了！

这是一首描写暮春农村景色的诗歌，它描绘了一幅春意盎然的儿童扑蝶图。

liǔ qiáo wǎn tiào

柳桥晚眺①

lù yóu

陆游

xiǎo pǔ wén yú yuè héng lín dài hè guī

小浦闻鱼跃，横林待鹤归。

xián yún bù chéng yǔ gù bàng bì shān fēi

闲云不成雨，故傍碧山飞。

注释

①眺：向远处看。

解析

诗人站在柳桥上远望，听到河里鱼儿在水中的跳跃声，看到眼前的树林正等待着鹤鸟归巢。悠闲的云儿不愿化作雨滴落下来，因此便在青山绿树之间飘来飘去。

这首诗形象鲜明，意境优美，反映了诗人闲适的心情。

cūn wǎn

村晚

léi zhèn

雷震

cǎo mǎn chí táng shuǐ mǎn bēi shān xián luò rì jìn hán yī

草满池塘水满陂，山衔落日浸寒漪。①

mù tóng guī qù héng niú bèi duǎn dí wú qiāng xìn kǒu chuī

牧童归去横牛背，短笛无腔信口吹。②

注释

①陂：池塘。寒漪：水的波纹。

②信口：随口。

解析

水草长满了池塘，池水漫上了水岸，山像是衔着太阳倒映在波光荡漾的水面上。放牛回家的孩子横坐在牛背上，用短笛信口吹奏，谁也听不出是什么曲调。

诗人即景而写，生动地刻画了一幅充满生活情趣的农村晚景图。后两句常被用来歌咏乡野黄昏晚景的可爱，村童牛背吹笛，怡然自得，有着纯朴无邪的快乐。

春暮（chūn mù）

曹豳（cáo bīn）

mén wài wú rén wèn luò huā lǜ yīn rǎn rǎn biàn tiān yá
门外无人问落花，绿阴冉冉遍天涯。①
lín yīng tí dào wú shēng chù qīng cǎo chí táng chù chù wā
林莺啼到无声处，青草池塘处处蛙。②

注释

①冉冉：形容绿色植物在阳光下闪闪发亮的样子。

②无声处：指春天将尽，黄莺已不再啼叫。

解析

暮春时节，已没有人过问路上的落花，只见浓郁的树荫无边无际，遍及天涯。林间的黄莺也觉得春天已经过去，不再鸣叫了，但青草池塘处却传来一阵阵的蛙叫声。

这是一首描写暮春景物的诗。花儿落了，大地上万木葱茏；莺歌歇了，青草池塘却处处有蛙声。两两相对的意象，把暮春时节那种繁盛和热闹的景象生动地表现了出来，给读者展示了一幅生动、清新、明快的风景画，诗中洋溢着一种恬淡的情调和活泼的生机。

hú shàng
湖　上[①]

xú yuán jié
徐元杰

huā kāi hóng shù luàn yīng tí　cǎo zhǎng píng hú bái lù fēi
花开红树乱莺啼，草长平湖白鹭飞。[②]
fēng rì qíng hé rén yì hǎo　xī yáng xiāo gǔ jǐ chuán guī
风日晴和人意好，夕阳箫鼓几船归。[③]

注释

①湖：指杭州西湖。

②红树：指开满红花的树。乱莺啼：指到处都是黄莺的啼叫。长：茂盛。

③人意：游人的心情。箫鼓：吹箫击鼓，指游船上奏着音乐。几船归：意为有几只船归去。

解析

这是一首描绘西湖风光的诗。在西湖岸边，开满红花的树上，欢跃的群莺在不停地鸣叫；波平如镜的湖面四周，生长着茂盛的青草，一只只白鹭在湖面上自由飞翔。在风和日丽的艳阳天里，人们欣赏着湖上风光，这心情是多么舒畅啊！夕阳西下，人们趁着余晖，伴着阵阵的鼓声箫韵，划着一只只船儿尽兴而归，这气氛又是多么热烈啊！

这首诗语言清新流利，景物绚烂多姿，用声音和色彩描绘出了一幅欢乐的湖上春游图。

nóng yáo

农谣

fāng yuè

方岳

mò mò yú xiāng zhuó cǎo huā sēn sēn róu lǜ zhǎng sāng má

漠漠余香着草花，森森柔绿长桑麻。①

chí táng shuǐ mǎn wā chéng shì mén xiàng chūn shēn yàn zuò jiā

池塘水满蛙成市，门巷春深燕作家。②

注释

①漠漠：形容香气馥郁的样子。着草花：指香气附着花草。森森：形容枝叶茂密的样子。柔绿：嫩绿的叶子。

②蛙成市：指群蛙聚集池塘，蛙声喧闹如市。春深：暮春。

解析

这首诗生动形象地描写了田野的景物和农家的生活。田野的花草散发着浓郁的芳香，园子里绿树成荫，桑麻长势喜人。池塘里的水满了，聚集而来的青蛙呱呱地大声叫着，那种喧闹让人感觉好像到了集市上。门庭巷口随处可见安家的燕子。

这是一幅生机勃勃、情趣盎然的农村景象，使人感到亲切，精神为之振奋。这首诗写出了田园农舍的自然之美，画面清新明丽，有很强的感染力。

hán yè

寒夜

dù lěi

杜耒

hán yè kè lái chá dàng jiǔ zhú lú tāng fèi huǒ chū hóng

寒夜客来茶当酒，竹炉汤沸火初红。①

xún cháng yí yàng chuāng qián yuè cái yǒu méi huā biàn bù tóng

寻常一样窗前月，才有梅花便不同。

注 释

①竹炉:外竹内泥的火炉。汤沸:热水沸腾。

解 析

寒冷的冬夜,忽有客人来访,诗人就用热茶当酒来招待客人。竹炉里的火苗又红又旺,炉上的水烧得沸腾翻滚。诗人和友人一起喝茶交谈,看到与平时一样的月光,此时照在窗前高雅芬芳的梅花上,显得与往日格外不同。

这首诗描写了诗人因有客人到访而产生的喜悦心情。诗文淡雅朴素,富有情趣。

shān xíng

山 行

yáo nài

姚 鼐

bù gǔ fēi fēi quàn zǎo gēng chōng chú pū pū chèn chū qíng

布谷飞飞劝早耕,舂锄扑扑趁初晴。①

qiān céng shí shù tōng xíng lù yí dài shān tián fàng shuǐ shēng

千层石树通行路,一带山田放水声。

注 释

①舂锄:白鹭。扑扑:扑打翅膀。

解 析

布谷鸟四处飞翔,仿佛在催农人耕田种谷;从水中“扑扑”起飞的白鹭,正享受着春日晴朗的好天气。我走在山石层层、树木茂密的山路上,耳朵听到的是放水浇田的声音。

这首诗用清新明快的语言和生动鲜明的景象描绘了一幅繁忙热闹的春耕图,读之令人心胸豁然开朗。

wú xīng zá shī

吴兴杂诗①

ruǎn yuán

阮 元

jiāo liú sì shuǐ bào chéng xié sàn zuò qiān xī biàn wàn jiā

交流四水抱城斜，散作千溪遍万家。②

shēn chù zhòng líng qiǎn zhòng dào bù shēn bù qiǎn zhòng hé huā

深处种菱浅种稻，不深不浅种荷花。③

注释

①吴兴：今浙江省湖州市。

②交流四水：即四水交流。交，交错纵横。四水，湖州市有东苕溪、西苕溪等四条主要河流。

③菱：俗称菱角。一年生草本植物，叶略呈三角形，果实可食。

解析

四条河流交错纵横，环抱着吴兴城弯弯曲曲地流淌着，又分散成无数条小溪，流淌到千家万户的屋宅旁。于是，劳动人民在深水的地方种上菱角，水浅的地方栽上稻秧，不深不浅的地方种上荷花。

这首诗描绘了一幅江南水乡的美好画卷，感慨吴兴人能够从实际出发，因地制宜，利用自然条件，达到物尽其用的效果，赞美了劳动人民的勤劳与智慧。

xīn léi
新 雷[1]

zhāng wéi píng
张 维 屏

zào wù wú yán què yǒu qíng měi yú hán jìn jué chūn shēng
造物无言却有情，每于寒尽觉春生。[2]
qiān hóng wàn zǐ ān pái zhe zhǐ dài xīn léi dì yī shēng
千红万紫安排著，只待新雷第一声。

注释

①新雷：春天的第一响雷声，象征春天的到来。

②造物：指天。古人认为天是创造万物的。每于：常常在。

解析

大自然虽然不说话，但是有感情。常常在寒冬尚未退尽的时候，就安排春天悄悄地降临大地了。百花园里万紫千红的花朵都已各就各位，只等那初春的新雷一响，便会竞相开放。

这首诗描绘了人们迎春的情景和心情。春雷乍响，展现在人们面前的是一个春花盛开的新世界，流露出诗人迎接新世界的喜悦心情。小诗短短四句，寓理于情，耐人寻味。

bái méi
白 梅

wáng miǎn
王 冕

bīng xuě lín zhōng zhuó cǐ shēn bù tóng táo lǐ hùn fāng chén
冰雪林中著此身，不同桃李混芳尘。[1]
hū rán yí yè qīng xiāng fā sǎn zuò qián kūn wàn lǐ chūn
忽然一夜清香发，散作乾坤万里春。[2]

注释

①著：标举，显露。混：混杂。芳尘：香尘。

②乾坤：天地。

解析

白梅生长在冰天雪地的严冬，傲然绽放，不与桃李等平凡的花混同在一起。你看，忽然一夜白梅花开，她的芳香便传遍了天下。

这是一首托物言志的诗歌，诗人借梅花的高洁来表达自己坚守节操，不与世俗同流合污的精神品格。

国学小故事

咏华山

我国北宋时，有个小孩儿名叫寇准。七岁那年，他跟先生去登附近的华山。他们沿着山路艰难地爬上山顶。啊！华山真高！站在高高的华山之上，只有蓝天在他们的头顶，再没有别的山能与它比高了。抬头仰望天空，太阳仿佛近在眼前；低头俯视脚下，山腰间飘着朵朵白云。面对如此壮丽的景象，寇准情不自禁地吟诵起来：

只有天在上，更无山与齐。

举头红日近，回首白云低。

“好诗！好诗！”先生连连点头称赞。这首诗的每一句都突出了华山的高峻陡峭，气势不凡，贴合山势，准确传神，可谓是难能可贵的佳作，教人不敢相信它竟然出自于一个七岁孩童之口。

司马光作诗

宋朝时的司马光闲暇时喜欢爬山，一次登山至山岭，看见两个年轻人坐在石头上论诗，听他们即景作诗，有些滑稽的句子引得司马光禁不住笑出声来。一个年轻人觉得这笑声中带有嘲讽，就转过身来，看见是一个老人，就很不客气对他说："你笑什么？难道你也懂诗？"司马光没有正面回答，只是不紧不慢地吟道："一上一上又一上，看看行到岭头上。"话音刚落，两个年轻人哈哈大笑说："这也算诗吗？简直是大白话，这样的诗句，连三岁小孩也会作呀！"司马光并不生气，依然脸带微笑，接着又吟诵道："乾坤只在掌拿中，四海五湖归一望。"这两句诗一出口，两个年轻人吃了一惊，没想到这位貌不惊人的老人竟能胸藏天地，放眼四海，不禁肃然起敬，同时也为自已刚才的无礼感到羞愧。

乾隆作诗

乾隆皇帝有一年冬天游览杭州西湖，大臣纪晓岚等跟着一起游览。正

游览间，纷纷扬扬落起雪来了，乾隆诗兴大发，出口就吟："一片一片又一片，"刚说出这一句，一时想不出下一句该怎么说了，就索性玩笑着接下去："三片四片五六片，七片八片九十片……" 他念了这三句时，突然卡壳。这

时众人正准备恭维，见此状不禁一愣。纪晓岚听着只觉好笑，心想：什么"一片一片又一片"，这也是诗？简直比大白话还大白话，这不是当众出丑嘛！可他脸上还是流露出一本正经的欣赏神色，当看到乾隆非常尴尬时，于是就赶紧上前说："请陛下把最后一句让给臣来续。"乾隆如获救星，连忙点头答应。纪晓岚不假思索，出口续道："飞入梅花都不见。"乾隆拍掌大笑："此句大妙，爱卿文才出众，名不虚传。"

敕勒歌

公元6世纪时，北魏分成相互对立的东魏和西魏。546年，东魏丞相高欢率领军队攻打西魏的重要军事目标玉壁，受到顽强抵抗，总也打不下来，又赶上高欢病重，只得全军撤退。这时东魏军队士气比较低落，对方又乘机散布高欢已死的谣言，弄得军心不稳。高欢对大将斛（hú）律金说："早听说将军会唱歌，给大家唱一支吧！"斛律金明白主帅的意图，就用鲜卑语唱起北朝乐府民歌《敕勒歌》。这是一首赞美北方大草原的民歌，而士兵又多是这一带人，于是，大家都跟着唱起来：

敕勒川，阴山下，天似穹庐，笼盖四野。

天苍苍，野茫茫，风吹草低见牛羊。

歌声此起彼伏，传遍了整个营寨，士兵们情绪都很激昂。高欢抓住这一机会，顺利地完成了撤退的军事行动。

知识链接

河北电视台《中华好诗词》热播

《河北日报》记者 刘燕

今夏，河南卫视《汉字英雄》为电视荧屏带来一股清新之风，随后央视《中国汉字听写大会》收视率直逼《中国好声音》。两档汉字节目的推出开启了电视媒体深入挖掘文化内涵的新路径。在这一背景下，河北电视台大型文化类季播节目《中华好诗词》应运而生。作为一档自主研发的文化类节目，《中华好诗词》自10月19日开播以来，反响强烈，众多媒体对该节目的热播给予了高度关注。

11 月 16 日晚 10 时，省会市民靳峰一家坐在电视机旁准时收看《中华好诗词》节目。尽管刚刚开播一个月，但他们已经成为《中华好诗词》节目的铁杆粉丝。“既能增强文化修养，又能享受休闲时光的轻松愉悦。”靳峰这样评价。

一档电视节目的影响力取决于观众对它的喜爱程度。截至 11 月 16 日，《中华好诗词》节目微博互动量超过 200 万条，节目播出当日微信互动答题量过万人次，较河北卫视 1—9 月同时段收视率提升 60%，在节目播出的同时，网络微博热门话题电视节目类排行榜排名跃居第 9 位。

一直以来，传统文化与电视手段衔接存在一定难度，这始终是摆在电视文艺创作者面前的一道难题。

“大家对邓丽君原唱、王菲翻唱过的《明月几时有》耳熟能详，这首歌的歌词正是取自苏轼的《水调歌头》。在台湾，很多唐诗宋词都被谱成朗朗上口的歌曲，传唱深远，传承几千年的诗词用一种通俗的方式陶冶着人们的情操。”河北卫视导演杨宝昆介绍，“创办该节目的灵感正是来源于此。”

以弘扬中华传统诗词文化为宗旨，《中华好诗词》运用闯关、益智、点评等喜闻乐见的电视化包装手段，实现了知识性和娱乐性的有效融合。

“该节目既没有走引进海外模式的套路，也没有走盲从单一选秀的老路，而是秉承了自主创新的优良传统。”杨宝昆说。

娱乐和诗词结合是《中华好诗词》的一大特点。用娱乐包装文化内核的独特形式，以及文化节目是否应该加入娱乐成分的问题一度引发观众和专家的讨论。“有文化的娱乐是文化和娱乐的双赢，有文化的娱乐体现了电视节目的正能量。”辽宁大学文学院副教授李东对文化节目加入娱乐元素做出这样的诠释。曾三次参加《百家讲坛》的知名教授杨雨认为，娱乐外壳的嵌入，让《中华好诗词》没有变成一场纯粹风花雪月的诗歌朗诵赛，因其可视性和趣味性而成为吸引青少年观看的节目，其文化的传承意义值得肯定。

活动拓展

1. 小朋友们，读了这几个与诗歌有关的故事，你还知道哪些诗歌故事，查查资料，然后讲给父母和同学听，比比看谁知道的诗歌故事多。

2. 小朋友们,今天我们举办一场诗歌诵读比赛,比一比谁背诵的古典诗歌最多,看一看谁朗诵得最好。如果有机会,也争取参加像《中华好诗词》一样的电视节目,展示你背诵的古典诗歌。

3. 我们已经背诵了不少的诗歌,你最喜欢哪一首?向老师和同学们说说你为什么最喜欢这首诗,并指出它好在哪里。